CB130207

EDITORA DO CONHECIMENTO

Auxiliando a humanidade a encontrar a Verdade

Série

Memórias do Espiritismo

Volume 15

Fotos e ilustrações da página anterior (de cima para baixo, a partir da esquerda):
Gabriel Delanne, Bezerra de Menezes, Allan Kardec, Leon Denis;
William Crookes, Alfred Russel Wallace, Alexander Aksakof, Oliver Lodge;
Yvonne do Amaral Pereira, Alfred Binet, Ernesto Bozzano, Arthur Conan Doyle;
Hercílio Maes, Caibar Schutel, Gustavo Geley, Eurípedes Barsanulfo;
Victor Hugo, Charles Robert Richet, Cesare Lombroso, Pierre Gaetan Leymarie;
Andrew Jackson Davies, Camille Flammarion, Francisco Cândido Xavier, Emanuel Swedenborg.

Reconhecemos a ausência de inúmeros expoentes do espiritismo nesta galeria de imagens. Em razão do limitado espaço, escolhemos apenas algumas personalidades ilustres para representar todos aqueles que gostaríamos de homenagear.

Que é o Espiritismo

Introdução ao conhecimento do mundo invisível
pelas manifestações dos espírititos

O Espiritismo

Terceira Revelação da Lei de Deus
Aperfeiçoamento da religião espiritual

(O Espírito de Verdade anunciado por Jesus)
Evangelho segundo São João, 14: 15, 16, 17, 20

Seu objetivo essencial é o melhoramento dos homens

• Filosofia • Moral • Ciência

Que é o Espiritismo

Introdução ao conhecimento do mundo invisível pelas manifestações dos espíritos

Allan Kardec

Qu'est-ce que le spiritisme?
Introduction à la connaissance du monde invisible.

CONHECIMENTO EDITORIAL LTDA.
Rua Prof. Paulo Chaves, 276 – Vila Teixeira Marques
CEP 13480-970 – Limeira – SP
Fone/Fax: 19 3451-5440
www.edconhecimento.com.br
pedidos@edconhecimento.com.br

Tradução: Julieta Leite
Ilustração da Capa: Banco de imagens
Projeto Gráfico: Sérgio Carvalho

ISBN 978-85-7618-332-7 – 1ª Edição – 2015
• Impresso no Brasil • Presita en Brazilo

Produzido no departamento gráfico da
CONHECIMENTO EDITORIAL LTDA
conhecimento@edconhecimento.com.br

Dados Internacionais de Catalogação na Publicação (CIP)
(Angélica Ilacqua CRB-8 / 7057)

Kardec, Allan.
Que é o Espiritismo – Introdução ao conhecimento do mundo invisível pelas manifestações dos espíritos / Allan Kardec; [tradução de Julieta Leite]. – Limeira, SP : Editora do Conhecimento, 2015.
156 p. (Série Memória do Espiritismo, v. 15)

ISBN 978-85-7618-332-7
Título original: *Qu'est-ce que le spiritisme?*

1. Espiritismo 2. Doutrina espírita I. Título II. Leite, Julieta III. Série.

15-0254 CDD – 133.9

Índices para catálogo sistemático:
1. Espiritismo

QUE É O ESPIRITISMO

Introdução ao conhecimento do mundo invisível
pelas manifestações dos espírititos

Contendo o resumo dos princípios da doutrina espírita
e a resposta às principais objeções, por

Allan Kardec
(1804-1869)
Codificador dos ensinamentos e conselhos da universalidade
dos espíritos superiores, que se encontram nos
livros fundamentais do espiritismo.

* *Fora da caridade não há salvação.*
* *Nascer, morrer, renascer e progredir sem cessar, tal é a lei.*
* *Fé inabalável é somente aquela que pode encarar a razão de frente, em todas as eras da humanidade.*

Tradução: Julieta Leite

1ª edição
2015

EDITORA DO
CONHECIMENTO

Série Memórias do Espiritismo

Volume 1	Evolução Anímica	Gabriel Delanne
Volume 2	A Alma Imortal	Gabriel Delanne
Volume 3	O Espiritismo, a Magia e as Sete Linhas de Umbanda	Antonio Eliezer Leal de Souza
Volume 4	O Espiritismo Perante a Ciência	Gabriel Delanne
Volume 5	Pesquisas sobre a Mediunidade	Gabriel Delanne
Volume 6	As Forças Naturais Desconhecidas	Camille Flamarion
Volume 7	A Crise da Morte	Ernesto Bozzano
Volume 8	No Mundo dos Espíritos	Antonio Eliezer Leal de Souza
Volume 9	Urânia	Camille Flamarion
Volume 10	Tratado de Metapsíquica	Charles Richet
Volume 11	O Problema do Ser e do Destino	Leon Denis
Volume 12	O Mundo Invisível e a Guerra	Leon Denis
Volume 13	O Gênio Celta e o Mundo Invisível	Leon Denis
Volume 14	Viagem Espírita em 1862	Allan Kardec
Volume 15	Que é o Espiritismo	Allan Kardec

QU'EST-CE QUE LE SPIRITISME

INTRODUCTION

A LA CONNAISSANCE DU MONDE INVISIBLE

PAR LES MANIFESTATIONS DES ESPRITS

CONTENANT

LE RÉSUMÉ DES PRINCIPES DE LA DOCTRINE SPIRITE, ET LA RÉPONSE AUX PRINCIPALES OBJECTIONS

PAR

ALLAN KARDEC

Auteur du *Livre des Esprits*, du *Livre des Médiums*, et directeur de la *Revue spirite*

Hors la Charité point de salut

HUITIÈME ÉDITION

PARIS

LIBRAIRIE DIDIER ET Cie, 35, QUAI DES AUGUSTINS

FRÉD. HENRY, DENTU, LIBRAIRES

AU PALAIS-ROYAL

ET TOUS LES LIBRAIRES DE PARIS ET DES DÉPARTEMENTS

1868

Sumário

Introdução

As pessoas que têm do espiritismo apenas um conhecimento superficial são naturalmente levadas a fazer certas perguntas para as quais, sem dúvida, um estudo completo lhes daria a resposta. Porém, falta-lhes tempo, e frequentemente vontade, para se dedicar a observações continuadas. Antes de empreender essa tarefa, seria bom saber, pelo menos, de que se trata, e se vale a pena ocupar-se com ela. Pareceu-nos útil, então, apresentar, num quadro sucinto, a resposta a algumas das perguntas fundamentais que nos são feitas diariamente. Para o leitor, será uma iniciação, e para nós, tempo ganho, por dispensar-nos de repetir constantemente a mesma coisa.

O primeiro capítulo contém, sob a forma de diálogos, a resposta às objeções mais comuns da parte dos que ignoram os primeiros fundamentos da doutrina, bem como a contestação aos principais argumentos dos seus opositores. Essa forma nos pareceu a mais conveniente, por não ter a aridez da forma dogmática.

O segundo capítulo é dedicado à exposição sumária das partes da ciência prática e experimental, sobre as quais, na falta de uma instrução completa, o observador principiante deve dirigir sua atenção, para julgar com conhecimento de causa. É, de certo modo, o resumo de *O Livro dos Médiuns*. Na maioria das vezes, as objeções nascem das ideias errôneas que se faz *a priori* a respeito do que não se conhece. Corrigir essas ideias é antecipar-se às objeções: tal é o objetivo deste pequeno tratado.

O terceiro capítulo pode ser considerado um resumo de *O*

Livro dos Espíritos. É a solução, pela doutrina espírita, de um certo número de problemas do mais alto interesse, de ordem psicológica, moral e filosófica, com que nos deparamos diariamente e para os quais nenhuma filosofia deu soluções satisfatórias ainda. Tente-se resolvê-los por qualquer outra e sem a chave que o espiritismo fornece e se verá quais são as respostas mais lógicas e que melhor satisfazem à razão.

Esta exposição resumida não é útil só para os principiantes, que dela poderão extrair, em pouco tempo e com pouco esforço, as noções mais essenciais, como não deixa de sê-lo também para os adeptos, aos quais fornece os meios para responderem às primeiras objeções que não deixam de fazer-lhes e, além disso, porque aqui encontrarão reunidos, num quadro conciso, que pode ser abrangido num relance, os princípios que jamais devem perder de vista. Para responder desde já e sumariamente à pergunta formulada no título deste opúsculo, diremos que:

O espiritismo é ao mesmo tempo uma ciência de observação e uma doutrina filosófica. Como ciência prática, consiste nas relações que podemos estabelecer com os espíritos; como filosofia, compreende todas as consequências morais que decorrem dessas relações.

Pode-se defini-lo assim:

O espiritismo é uma ciência que trata da natureza, da origem e da destinação dos espíritos e das suas relações com o mundo corporal.

Capítulo I
Pequena conferência espírita

• Primeiro diálogo – O crítico • Segundo diálogo o céptico • Espiritismo e espiritualismo • Dissidências • Fenômenos espíritas simulados • Importância dos detratores • O prodigioso e o sobrenatural • Oposição da ciência • Falsas explicações dos fenômenos • Os incrédulos não podem ver para convencer-se • Boa ou má vontade dos espíritos para convencer • Origem das ideias espíritas modernas • Meios de comunicação • Médiuns interesseiros • Médiuns e feiticeiros • Diversidade entre os espíritos • Utilidade prática das manifestações • Loucura, suicídio e obsessão • Esquecimento do passado • Elementos de convicção • Sociedade para continuação das obras espíritas de Allan Kardec • Proibição do espiritismo • *Terceiro Diálogo* – O padre

Primeiro diálogo - O crítico

Visitante – Confesso-lhe, senhor, que minha razão se recusa a admitir a realidade dos estranhos fenômenos atribuídos aos espíritos que, disso estou persuadido, só existem na imaginação. Diante da evidência, no entanto, devemos curvar-nos, e é o que farei se conseguir ter disso provas incontestáveis. Venho, pois, solicitar-lhe a gentileza de permitir-me assistir somente a uma ou duas experiências, para não ser indiscreto, a fim de convencer-me, se for possível.

Allan Kardec – Uma vez que sua razão se recusa a admitir o que consideramos fatos comprovados, significa que o senhor a julga superior à razão de todos que não compartilham suas opiniões. Não ponho em dúvida seu mérito e não tenho a pretensão de colocar minha inteligência acima da sua. Admita, pois, que estou enganado, uma vez que é a razão que vos diz, e encerremos o assunto.

Visitante – Entretanto, se o senhor conseguisse convencer-me, conhecido que sou como antagonista das suas ideias, seria um milagre eminentemente favorável à sua causa.

A. K. – Lamento, mas não tenho o dom dos milagres. O senhor acha que uma ou duas sessões bastarão para convencê-lo? Isso seria realmente uma façanha. Para ficar convencido, eu mesmo precisei de mais de um ano de trabalho, o que lhe prova que não foi superficialmente que me convenci. Além do mais, eu não realizo sessões, e parece-me que o senhor está enganado quanto à finalidade das nossas reuniões, visto que não fazemos experiências visando a satisfazer a curiosidade de quem quer que seja.

Visitante – Então o senhor não se empenha em fazer adeptos?

A. K. – Por que me empenharia em fazer do senhor um adepto, se não é isso que deseja? Não forço convicção alguma. Quando encontro pessoas que sinceramente desejam instruir-se e que me dão a honra de pedir-me esclarecimentos, considero um prazer e um dever responder-lhes, nos limites dos meus conhecimentos. Quanto aos antagonistas que, como o senhor, têm convicções arraigadas, não faço uma tentativa sequer para dissuadi-los, visto que já encontro bastante pessoas bem-dispostas, sem perder meu tempo com as que não o estão.

Cedo ou tarde, pela força das coisas, a convicção virá, e os mais incrédulos serão arrastados pela torrente. Por enquanto, alguns partidários a mais ou a menos não pesam na balança. Eis por que o senhor jamais me verá apoquentar-me a fim de trazer para as nossas ideias aqueles que têm, como o senhor, boas razões para afastar-se delas.

Visitante – Contudo, há mais interesse em convencer-me do que o senhor imagina. Permita que me explique com franqueza e prometa-me que não se ofenderá com as minhas palavras. Trata-se das minhas ideias sobre o assunto e não sobre a pessoa a quem me dirijo; posso respeitar a pessoa sem partilhar sua opinião.

A. K. – O espiritismo ensinou-me a não dar importância às mesquinhas suscetibilidades de amor-próprio e não me ofender com palavras. Se as suas palavras saírem dos limites da urbanidade e das conveniências, concluirei que o senhor é um homem mal-educado: eis tudo. Quanto a mim, prefiro deixar os insultos aos outros em vez de compartilhá-los.

Só por isso, o senhor vê que o espiritismo serve para alguma coisa.

Já lhe disse, senhor, não me empenho absolutamente em fazê-lo participar da minha opinião; respeito a sua, se for sincera, como desejo que respeitem a minha.

Já que o senhor considera o espiritismo um sonho utópico, ao dirigir-se à minha casa deve ter dito consigo mesmo: vou ver um louco. Confesse-o francamente, não me ofenderei com isso. Todos os espíritas são loucos, é coisa convencionada. Pois bem, uma vez que o senhor considera isso uma doença mental, tenho receio de contagiá-lo, e espanta-me que, com tal pensamento, queira adquirir uma convicção que o colocará entre os loucos. Se, antecipadamente, o senhor está persuadido de que não poderá ser convencido, sua tentativa é inútil, porque seu único intuito é a curiosidade. Abreviemos, pois, rogo-lhe, porque não tenho tempo a perder em conversas sem objetivo.

Visitante – Uma pessoa pode enganar-se, iludir-se, sem por isso ser louca.

A. K. – Fale claro. Como tantos outros, o senhor acha que é uma mania que não vai durar muito. Mas há de convir que uma mania que, em poucos anos, conquistou milhões de partidários em todos os países, que conta com sábios de todas as categorias, que, de preferência, se propaga entre as classes mais esclarecidas, é uma mania surpreendente, que merece algum exame.

Visitante – Tenho minhas ideias a esse respeito, é verdade, mas não são tão definitivas que eu não admita renunciar a elas diante da evidência. Como lhe disse, o senhor teria certo interesse em convencer-me.

Confesso-lhe que pretendo publicar um livro no qual me proponho a demonstrar *ex-professo* (com real conhecimento de causa; magistralmente) o que considero um erro. E como esse livro deverá ter grande penetração e atacar os espíritos, se conseguir ser convencido, não o publicarei.

A. K. – Ficaria desolado, senhor, se o privasse do lucro de um livro que deve ter grande aceitação. Aliás, não tenho interesse algum em impedir que o faça. Ao contrário, desejo-lhe uma excelente acolhida, já que isso nos servirá de propaganda e anúncio. Quando uma coisa é atacada, desperta atenção; há muita gente que quer conhecer os prós e os contras e a crítica a apresenta até mesmo aos que nem pensavam nela. É assim que, sem querer, se faz a propaganda a favor daqueles a quem se quer prejudicar. Além do mais, a questão dos espíritos é de um interesse tão palpitante, aguça a tal ponto a curiosidade, que basta chamar atenção para ela para despertar o desejo de examiná-la mais a fundo.[1]

1 Depois deste diálogo, escrito em 1859, a experiência veio demonstrar amplamente a exatidão desta tese.

Visitante – Então, no seu entender, a crítica não serve para coisa alguma e a opinião pública nada vale?

A. K – Não vejo a crítica como expressão da opinião pública, mas como uma opinião individual que pode se equivocar. Leia a história e verá quantas obras-primas foram criticadas ao aparecerem, o que não impediu que continuassem a ser obras-primas; quando uma coisa é ruim, porém, nem todos os elogios possíveis a tornarão boa. **Se o espiritismo é um equívoco, cairá por si mesmo; se é uma verdade, nem as críticas mais ferozes farão dele uma mentira.**

Seu livro será uma opinião pessoal, segundo seu ponto de vista; a verdadeira opinião pública decidirá se é correta. Para tanto, todos desejarão ver, e se mais tarde verificarem que o senhor se enganou, seu livro acabará sendo tão ridículo quanto os que foram publicados há pouco contra as teorias da circulação do sangue, da vacina etc.

Mas, ia me esquecendo de que o senhor deve tratar a questão *ex-professo*, o que significa que a estudou sob todos os seus aspectos; que viu tudo que é possível ver; que leu tudo o que se escreveu sobre o assunto; que analisou e comparou as diversas opiniões; que se encontrou nas condições ideais para observar por si mesmo; que durante anos consagrou suas vigílias a essa tarefa. Em resumo: que nada negligenciou para chegar à constatação da verdade. Devo crer que foi assim, se o senhor é um homem sério, porque só quem fez tudo isso tem o direito de dizer que fala com conhecimento de causa.

Que pensaria o senhor de um homem que se arvorasse em censor de uma obra literária sem conhecer literatura, de um quadro, sem ter estudado pintura? É de uma lógica elementar que o crítico deva conhecer, não superficialmente, mas a fundo, aquilo de que fala, sem o que sua opinião não teria valor.

Para contestar um cálculo, deve-se opor-lhe outro cálculo, mas para isso é preciso saber calcular. O crítico não deve limitar-se a dizer que determinada coisa é boa ou má; é necessário que justifique a sua opinião através de uma demonstração clara e lógica, baseada nos princípios inerentes à respectiva arte ou ciência. Como pode fazê-lo se ignora esses princípios?

O senhor poderia avaliar as qualidades ou os defeitos de

uma máquina, sem ter noções de mecânica? Não. Pois bem, sua opinião sobre o espiritismo, que o senhor não conhece, não teria mais valor do que a que emitisse a respeito da aludida máquina. A todo instante seria apanhado em flagrante delito de ignorância, porque aqueles que tiverem estudado o assunto logo perceberão que não o domina; donde concluirão que o senhor não é um homem sério ou que não age de boa-fé. Tanto num caso como no outro, isso o exporia a receber desmentidos pouco lisonjeiros ao seu amor-próprio.

Visitante – É exatamente para evitar esse risco que vim pedir-lhe que me permita assistir a algumas experiências.

A. K. – E o senhor acha que isso lhe bastará para falar do espiritismo *ex-professo*? Mas, como poderia compreender essas experiências, e ainda mais julgá-las, se não estudou os princípios que lhe servem de base? Por exemplo, como poderia avaliar o resultado – satisfatório ou não – de experiências metalúrgicas, sem conhecer a fundo a metalurgia? Permita-me dizer-lhe que seu projeto é absolutamente como se, não sabendo matemática, nem astronomia, o senhor fosse dizer a um dos membros do Observatório: Senhor, quero escrever um livro sobre astronomia e, além disso, provar que seu sistema é falso; como, porém, não tenho qualquer noção dessa ciência, permita-me olhar uma ou duas vezes através das suas lunetas; isso me bastará para ficar sabendo tanto quanto o senhor.

É só por analogia que o termo *criticar* é sinônimo de *censurar*; na sua acepção própria, e segundo a etimologia, ele significa *julgar*, *avaliar*. Portanto, a crítica tanto pode ser favorável como desfavorável. Fazer a crítica de um livro não significa necessariamente condená-lo; quem empreende essa tarefa deve fazê-lo sem ideias preconcebidas; mas, se antes de abrir o livro já o tiver condenado em pensamento, seu exame não pode ser imparcial.

Este é o caso da maioria dos que falaram do espiritismo. Formaram uma opinião baseados unicamente no nome e comportaram-se como um juiz que proferisse uma sentença sem ter-se dado o trabalho de examinar as peças do processo.

O resultado disso, é que o julgamento deles soou falso e, em vez de persuadirem, provocaram risos.

Quanto aos que estudaram seriamente a questão, em sua maioria mudaram de opinião, e mais de um adversário tornou-se partidário ao ver que se tratava de algo bem diferente do que havia imaginado.

Visitante – O senhor fala do exame dos livros em geral; crê que seja materialmente possível que um jornalista leia e estude todos os que lhe passam pelas mãos, principalmente quando tratam de teorias novas, que lhe seria necessário aprofundar e verificar? Seria o mesmo que exigir que um impressor lesse todas as obras que saem das suas prensas.

A. K. – Diante de um raciocínio tão judicioso, nada tenho a responder senão que, quando não temos tempo para fazer conscientemente uma coisa, não nos envolvemos com ela; mais vale fazer uma única coisa bem do que fazer dez coisas mal.

Visitante – Não pense que minha opinião se tenha formado levianamente, senhor. Vi mesas girarem e darem pancadas; vi pessoas que supostamente escreviam sob a influência dos espíritos. Estou convencido, porém, de que havia charlatanismo nisso.

A. K. – Quanto o senhor pagou para ver?

Visitante – Absolutamente nada, com certeza.

A. K. – Ora, eis aí charlatães de uma espécie rara, que vão reabilitar a classe. Até agora ainda não se tinha visto charlatães desinteressados. Se eventualmente um gaiato quis divertir-se, deve-se concluir daí que as outras pessoas fossem cúmplices? Além do mais, com que finalidade se tornariam cúmplices de uma mistificação? Para divertir a sociedade, dirá o senhor. Admito que as pessoas se prestem a uma brincadeira uma vez; mas quando essa brincadeira dura meses e anos, creio que é o mistificador quem está sendo mistificado. Será provável que, só pelo prazer de fazer com que creiam numa coisa que sabe ser falsa, alguém fique horas e horas mofando em torno de uma mesa? O prazer não valeria a pena.

Antes de decidir que se trata de uma fraude, deve-se indagar que interesse alguém pode ter em enganar; ora, o senhor há de convir que há pessoas cuja condição exclui qualquer suspeita de fraude, pessoas cujo caráter é, por si só, uma garantia de probidade.

Seria diferente caso se tratasse de uma especulação, porque

o atrativo do lucro é mau conselheiro; mas, admitindo mesmo que, nesta última ocorrência, ficasse incontestavelmente comprovada uma manobra fraudulenta, isso nada provaria contra a realidade do princípio, visto que se pode fazer mau uso de tudo. Do fato de haver pessoas que vendem vinhos adulterados não se conclui que não exista vinho puro.

O espiritismo não é mais responsável por quem abusa desse nome e o explora do que a ciência médica o é pelos charlatães que vendem suas drogas, e tampouco a religião o é pelos sacerdotes que se prevalecem do seu ministério.

Por sua novidade e pela sua natureza peculiar, o espiritismo devia prestar-se a abusos; mas ele forneceu os meios para reconhecê-los ao definir claramente seu verdadeiro caráter e ao negar qualquer vínculo com quem viesse a explorá-lo ou desviá-lo do seu objetivo exclusivamente moral, para dele fazer uma profissão, um instrumento de adivinhação ou de indagações fúteis.

Uma vez que o próprio espiritismo traça os limites em que se encerra, especifica o que diz e o que não diz, o que pode e o que não pode fazer, o que está ou não entre as suas atribuições, o que aceita e o que repudia, a culpa é dos que, não se dando ao trabalho de estudá-lo, o julgam pelas aparências; que, por encontrarem saltimbancos que se cobrem de ridículo dizendo-se *espíritas* para atrair os transeuntes, declaram com gravidade: Eis o que é o espiritismo.

Sobre quem, definitivamente, recai o ridículo? Não é sobre o saltimbanco, que está desempenhando a sua profissão, nem sobre o espiritismo, cuja doutrina escrita desmente tais afirmativas, e sim sobre os críticos presunçosos que falam do que não sabem ou conscientemente alteram a verdade. Os que atribuem ao espiritismo o que é contra sua essência imanente, fazem-no por ignorância ou intencionalmente; no primeiro caso, trata-se de leviandade, no segundo, de má-fé. Neste último, eles se assemelham a certos historiadores que alteram os fatos históricos no interesse de um partido ou de uma opinião. O emprego de tais meios sempre faz com que um partido caia em descrédito e não atinja seu objetivo.

Veja bem, senhor, que não exijo que a crítica deva necessariamente aprovar nossas ideias, mesmo depois de tê-las estudado; não censuramos de modo algum os que não pensam como nós. O que para nós é evidente, pode não ser para todo mundo; cada qual julga as coisas sob seu ponto de vista, e do fato mais inquestionável nem todos tiram as mesmas conclusões. Se, por exemplo, um pintor põe no seu quadro um cavalo branco, alguém poderá perfeitamente dizer que esse cavalo não causa boa impressão, que um preto ficaria melhor; mas o erro seria dizer que o cavalo é branco, se na verdade fosse preto. É o que a maioria dos nossos adversários faz.

Em resumo, senhor, todos têm total liberdade para aprovar ou criticar os princípios do espiritismo, tirar deles conclusões, boas ou más, como lhes aprouver, mas a consciência impõe a todo crítico sério o dever de não dizer o contrário do que é; ora, para isso, a primeira condição é falar só do que se conhece.

Visitante – Voltemos, por favor, às mesas que se movem e falam. Não seria o caso de estarem preparadas para isso?

A. K. – É sempre a questão de boa-fé a que já respondi. Quando a impostura for provada, deixarei que se encarregue dela; se o senhor apontar fatos *comprovados* de fraude, de charlatanismo, de exploração ou de abuso de confiança, eu os entregarei ao seu açoite, declarando de antemão que não lhes assumirei a defesa, porque o espiritismo sério é o primeiro a repudiá-los e porque apontar os abusos é ajudá-lo a preveni-los, prestando-lhe um grande favor. Porém, generalizar essas acusações, lançar sobre uma multidão de pessoas honradas a reprovação que só alguns indivíduos isolados merecem, é um abuso de outra espécie: trata-se de calúnia.

Admitindo, como o senhor disse, que as mesas estivessem preparadas, seria preciso que nelas houvesse um mecanismo bem engenhoso para fazê-las executar movimentos e ruídos tão variados. Como se explica que ainda não se conheça o nome do hábil fabricante que os confecciona? No entanto, sua fama deveria ser bem grande, já que esses aparelhos estão espalhados pelas cinco partes do mundo.

Deve-se convir também que seu processo é bem sutil, uma vez que pode adaptar-se a qualquer mesa, sem deixar nenhum vestígio externo. Como é possível que desde Tertuliano, que também falava das mesas girantes e falantes, até hoje, ninguém tenha conseguido ver nem descrever tal mecanismo?

Visitante – Eis onde o senhor se engana. Um famoso cirurgião constatou que certas pessoas, pela contração de um músculo da perna, podem produzir um ruído semelhante ao que o senhor atribui à mesa; donde se conclui que seus médiuns se divertem à custa da credulidade.

A. K. – Então, se é um estalido de músculo, não é a mesa que está preparada. Já que cada um explica essa suposta fraude à sua maneira, aí está a prova evidente de que não se conhece a verdadeira causa.

Respeito o conhecimento desse sábio cirurgião, só que o fato que ele aponta apresenta algumas dificuldades quanto à sua aplicação às mesas falantes. A primeira, é que é supreendente que essa faculdade, até agora excepcional e considerada um caso patológico, de repente se tenha tornado comum; a segunda, é que é preciso que alguém tenha uma vontade muito grande de mistificar para fazer seu músculo estalar durante duas ou três horas seguidas, quando o resultado disso é apenas cansaço e dor; a terceira, é que não percebo muito bem como esse músculo possa equiparar-se às portas e paredes em que as pancadas são ouvidas; a quarta, finalmente, é que esse músculo estalador precisa ter uma propriedade fantástica para conseguir mover uma mesa pesada, erguê-la, abri-la, fechá-la, mantê-la suspensa sem ponto de apoio, e, finalmente, fazê-la despedaçar-se ao cair. Ninguém supunha que esse músculo possuísse tantas qualidades. (*Revista Espírita,* junho de 1859: "O músculo estalador".)

O famoso cirurgião a que o senhor se refere estudou o fenômeno da tiptologia naqueles que o produzem? Não; apenas constatou, em alguns indivíduos que nunca se ocuparam com mesas batedoras, um efeito fisiológico anormal, tendo certa analogia com o que se produz nas mesas, e, sem um exame mais amplo, concluiu, com toda a autoridade do seu saber, que todos os que fazem as mesas falar devem ter a propriedade de fazer estalar o músculo curto peroneiro e não passam de impostores, sejam eles príncipes ou artesãos, quer exijam pagamento ou não. Ele estudou, pelo menos, o fenômeno da tiptologia em todas as suas fases? Verificou se, com a ajuda desse estalido muscular, seria possível produzir todos os efeitos tiptológicos?

Não; caso contrário se teria convencido da precariedade do seu processo; isso, porém, não o impediu de proclamar sua descoberta em pleno Instituto. Tratando-se de um sábio, não temos aí uma opinião muito séria! Que resta dela hoje?

Confesso-lhe que, se precisasse submeter-me a uma intervenção cirúrgica, hesitaria muito em confiar-me a esse médico, por temer que ele julgasse o meu mal com igual perspicácia.

Já que essa opinião é uma das fontes autorizadas em que o senhor parece apoiar-se para combater o espiritismo, isso me tranquiliza completamente quanto à força dos outros argumentos que deverá utilizar, se não os buscar em fontes mais autênticas.

Visitante – No entanto, o senhor vê que a moda das mesas girantes passou; durante algum tempo causaram furor; hoje ninguém perde tempo com elas. Por que isso, se é uma coisa séria?

A. K. – Porque das mesas girantes surgiu uma coisa ainda mais séria; surgiu toda uma ciência, toda uma doutrina filosófica muito mais interessante para os homens que raciocinam. Estes, quando nada mais tinham a aprender vendo uma mesa girar, deixaram as mesas de lado. Para as pessoas fúteis, que nada estudam a fundo, era um passatempo, uma brincadeira que abandonaram quando se cansaram dela. Tratando-se de ciência, essas pessoas não são levadas em conta.

O período de curiosidade teve seu tempo; sucedeu-lhe o da observação. O espiritismo entrou então no domínio das pessoas sérias, que com ele não se divertem, mas se instruem. Além do mais, as pessoas que o veem como coisa séria não se prestam a experiências de curiosidade e muito menos se dispõem a satisfazer quem se aproxima com intenções hostis. Como elas próprias não brincam, não buscam divertir os outros; e eu me incluo entre elas.

Visitante – No entanto, só a experiência pode convencer, mesmo quem, inicialmente, seja movido apenas pela curiosidade. Se o senhor só opera na presença de pessoas convictas, permita-me dizer-lhe que está pregando a quem já se converteu.

A. K. – Uma coisa é estar convencido, outra é estar disposto a convencer-se; é a estes últimos que me dirijo, e não aos que julgam rebaixar sua inteligência vindo escutar o que chamam fantasias. Com estes não me preocupo de maneira alguma. Quanto aos que dizem ter o sincero desejo de esclarecer-se, o melhor modo de prová-lo é mostrar perseverança; pode-se reconhecê-los por outros indícios que não o desejo de ver uma ou duas experiências: estes querem trabalhar seriamente.

A convicção só se estabelece com o tempo, por uma sequência de observações feitas com um cuidado todo particular. Os fenômenos espíritas diferem essencialmente dos que as nossas ciências exatas apresentam: não se produzem à vontade; é preciso captá-los de passagem. É observando muito e por muito tempo que se descobre uma profusão de provas que escapam à primeira vista, principalmente quando não se está familiarizado com as condições em que podem achar-se, e ainda mais quando se chega com espírito de prevenção. Para o observador assíduo e ponderado há provas em abundância; para ele, uma palavra, um fato aparentemente insignificante, pode ser um raio de luz, uma confirmação; para o observador superficial e desatento, para o mero curioso, tais provas nada significam. Eis por que não me presto a experiências sem resultado provável.

Visitante – Mas, enfim, tudo precisa ter um começo. O principiante, que é uma tábula rasa, que nada viu, mas que deseja esclarecer-se, como pode fazê-lo, se o senhor não lhe proporciona os meios?

A. K. – Faço uma grande distinção entre o incrédulo por ignorância e o incrédulo sistemático; quando vejo em alguém disposições favoráveis, nada me custa esclarecê-lo; mas há pessoas em quem o desejo de instruir-se é apenas aparente; com essas, perde-se tempo porque, se não encontrarem imediatamente o que parecem buscar, e que talvez se irritassem ao encontrar, o pouco que virem não será suficiente para acabar com suas prevenções; julgam mal o resultado obtido e o transformam em objeto de zombaria, razão por que é inútil fornecer-lho.

A quem tenha o desejo de instruir-se, direi: "Não se pode fazer um curso experimental de espiritismo, como se faz um curso de física e de química, visto que jamais se consegue produzir fenômenos por vontade própria, porque as inteligências que os operam frequentemente frustram nossas previsões. Se os fenômenos que, acidentalmente, pudesse ver não apresentassem uma sequência, uma ligação necessária, seriam pouco inteligíveis para o senhor. Instrua-se primeiro pela teoria, leia as obras que tratam dessa ciência e medite a respeito; nelas se informará sobre seus princípios, encontrará a descrição de todos os fenômenos; pela explicação que deles é dada, compreenderá sua possibilidade, e, pelo relato de uma imensidade de fatos espontâneos que eventualmente possa ter presenciado e que lhe voltarão à memória, o senhor irá esclarecer-se quanto às dificuldades que podem surgir, e com isso formará uma primeira convicção moral. Então, quando se apresentarem ocasiões de observar ou operar por si mesmo, seja qual for a ordem em que os fatos se mostrarem, o senhor compreenderá, porque nada lhe será estranho."

Eis, senhor, o que aconselho a todos que dizem querer instruir-se, e, por sua resposta, é fácil saber se há neles algo mais do que curiosidade.

Segundo diálogo – o céptico

Visitante – Compreendo, senhor a utilidade do estudo preliminar de que acaba de falar. Como predisposição pessoal, não sou a favor nem contra o espiritismo, mas o assunto, por si só, aguça-me o interesse ao máximo. Nos círculos das minhas relações há partidários, mas também adversários dele; já ouvi argumentos muito contraditórios a seu respeito, e tencionava submeter à sua apreciação algumas das objeções que foram feitas na minha presença e que me parecem ter algum valor, pelo menos para mim, que confesso a minha ignorância.

Allan Kardec – É com prazer que respondo às perguntas que se dignam dirigir-me, quando são feitas com sinceridade e sem segundas intenções, sem contudo vangloriar-me de poder responder a todas. O espiritismo é uma ciência que acaba de nascer, e ainda há muito que aprender. Quanto a mim, eu seria presunçoso demais se pretendesse eliminar todas as dificuldades: só posso dizer o que sei.

O espiritismo diz respeito a todos os ramos da filosofia, da metafísica, da psicologia e da moral; é um campo imenso, que não pode ser percorrido em poucas horas. Ora, o senhor há de compreender que me seria materialmente impossível repetir de viva voz, e a cada um em particular, tudo que escrevi sobre o assunto, e que está à disposição de todo mundo. Numa leitura preliminar séria, qualquer um encontrará, aliás, resposta às perguntas que naturalmente lhe ocorram; essa leitura tem uma dupla vantagem: evitar repetições inúteis e provar um sincero desejo de instruir-se.

Se depois disso ainda restarem dúvidas ou pontos obscuros, a explicação fica mais fácil, porque se possui algo em que apoiar-se e não se perde tempo voltando aos princípios mais elementares.

Se o permitir, até nova ordem nos limitaremos a algumas questões gerais.

Visitante – Concordo; rogo-lhe que me advirta caso delas me afaste.

Espiritismo e espiritualismo

Visitante – Perguntar-lhe-ei, inicialmente, qual a necessidade de criar os novos termos **espírita** e **espiritismo** para substituir *espiritualista* e *espiritualismo*, que estão incorporados à linguagem comum e são compreendidos por todos? Ouvi dizer que esses termos são *barbarismos*.

A. K. – Há muito tempo a palavra *espiritualista* tem uma acepção bem determinada; é a Academia que no-la dá: ESPIRITUALISTA, *aquele ou aquela cuja doutrina é oposta ao materialismo*.

Todas as religiões se baseiam necessariamente no espiritualismo. Todo aquele que crê que há em nós outra coisa além da matéria é espiritualista, o que não implica a crença nos espíritos e nas suas manifestações. Como se poderá distingui-lo de quem neles crê? Será preciso empregar uma perífrase e dizer: É um espiritualista que crê ou não crê nos espíritos. Para as coisas novas, precisa-se de termos novos, quando se quiser evitar equívocos. Se eu tivesse classificado minha **Revista** como *espiritualista,* não lhe teria, em absoluto, especificado o objeto, porque bem poderia, sem trair-lhe o título, não dizer uma só palavra sobre os espíritos, e até mesmo combatê-los.

A propósito de uma obra de filosofia, há algum tempo li num jornal um artigo onde se dizia que o autor a havia escrito do ponto de vista espiritualista; ora, os partidários dos espíritos teriam ficado muito desapontados se, acreditando na legitimidade dessa indicação, pensassem que encontrariam nessa obra alguma concordância com as suas ideias. Portanto, se adotei os termos **espírita** e **espiritismo**, é porque eles exprimem sem equívoco as ideias relativas aos espíritos.

Todo **espírita** é necessariamente *espiritualista*, mas nem todos os *espiritualistas* são **espíritas**. Ainda que os espíritos fossem uma quimera, mesmo assim seria útil contarmos com termos especiais para definir o que diz respeito a eles, porque, tanto para as ideias falsas, como para as verdadeiras, há necessidade de termos próprios.

Além do mais, esses termos não são mais bárbaros do que todos os que as ciências, as artes e a indústria criam diariamente; certamente, não o são mais do que os que Gall imaginou para sua nomenclatura das faculdades, tais como: *secretividade, amatividade, combatividade, alimentatividade, afetividade.*

Há pessoas que, por espírito de contradição, criticam tudo que não provém delas, querendo aparentar oposição; aqueles que provocam controvérsias tão lamentáveis provam somente uma coisa: a estreiteza das suas ideias. Apegar-se a tais ninharias é provar falta de bom senso.

Espiritualismo, espiritualista são palavras inglesas usadas nos Estados Unidos desde o início das manifestações; a seguir, foram usadas por algum tempo na França, mas, desde que os termos **espírita** e **espiritismo** surgiram, compreendeu-se tão bem a sua utilidade, que imediatamente foram aceitos pelo público. Hoje, seu uso está de tal forma consagrado, que os próprios adversários, que no princípio denunciaram o barbarismo, agora não empregam outros. Os sermões e as circulares pastorais com que fulminam o **espiritismo** e os **espíritos**, só conseguiriam confundir as ideias, caso condenassem o *espiritualismo* e os *espiritualistas*.

Bárbaros ou não, esses termos já se incorporaram ao vocabulário usual, e isso em todas as línguas da Europa; são os únicos empregados em todas as publicações, pró ou contra, lançadas em todos os países. Eles constituíram o topo da coluna da nomenclatura da nova ciência. Para exprimir os fenômenos especiais dessa nova ciência, precisava-se de termos especiais; a partir de agora, o espiritismo tem uma nomenclatura própria, como a Química tem a sua.

Dissidências

Visitante – Essa diversidade na doutrina do que o senhor chama ciência, é, parece-me, a sua condenação. Se essa ciência se assentasse em fatos inquestionáveis, não deveria ser a mesma na América e na Europa?

A. K. – A isso responderei, primeiramente, que essa dissidência reside mais na forma do que na essência; na verdade, consiste apenas no modo de considerar alguns pontos da doutrina, mas não constitui um antagonismo radical quanto aos princípios, como nossos adversários parecem dizer, sem haver estudado a questão.

Diga-me, porém, qual a ciência que, no seu começo, não provocou dissidências, até seus princípios serem claramente assentados? Acaso essas dissidências não ocorrem ainda hoje em ciências melhor constituídas? Todos os sábios concordam sobre um mesmo ponto? Eles não têm suas teorias particulares? As sessões do Instituto apresentam sempre um espetáculo de perfeito e cordial entendimento? Em Medicina, não há a Escola de Paris e a de Montpellier? Em qualquer ciência, toda descoberta não é motivo de divergências entre os que desejam avançar e os conservadores?

Quanto ao que diz respeito ao espiritismo, não é natural que ao surgirem os primeiros fenômenos, quando ainda se ignoravam as leis que os regem, cada qual tenha formado a sua teoria e os tenha encarado à sua maneira? Que aconteceu com as teorias iniciais isoladas? Sucumbiram diante de uma observação mais completa dos fatos.

Bastaram alguns anos para estabelecer a grandiosa unidade que até hoje prevalece na doutrina e que reúne a imensa maioria dos adeptos, exceto alguns indivíduos que nesta, como em todas as coisas, se aferram às ideias primitivas e morrem com elas. Qual é a ciência, qual é a doutrina filosófica ou religiosa que mostra um exemplo igual? Alguma vez o espiritismo apresentou a centésima parte das cisões que por vários séculos dilaceraram a Igreja e que ainda hoje a dividem?

É realmente curioso ver as puerilidades a que se apegam os adversários do espiritismo; isso não indica carência de argumentos sérios? Se os possuíssem, não deixariam de recorrer a eles. Que lhe opõem? Zombarias, contestações, calúnias, mas nenhum argumento decisivo. E a prova de que ainda não lhe acharam qualquer ponto vulnerável está no fato de nada lhe ter detido o avanço crescente e de contar, dez anos depois, com mais adeptos do que qualquer seita tenha contado após um século de existência. Trata-se de um fato comprovado e reconhecido até por seus adversários. Para destruí-lo, não bastaria dizer: isso não existe, isso é absurdo. Seria preciso provar categoricamente que os fenômenos não existem, que não podem existir. E isso ninguém fez.

Fenômenos espíritas simulados

Visitante – Não ficou provado que, fora do espiritismo, se podia produzir esses mesmos fenômenos? Pode-se concluir daí que eles não têm a origem que os espíritas lhes atribuem.

A. K. – Pelo fato de ser possível imitar uma coisa, deve-se concluir que ela não exista? Que diria o senhor da lógica daquele que, por haver quem produza champanha misturando água com gás ao vinho, afirmasse que todo champanha contém água? Gerar imitações fraudulentas é privilégio de todas as coisas que têm repercussão. Alguns prestidigitadores acharam que o nome **espiritismo**, devido à sua popularidade e às controvérsias de que era objeto, podia ser útil para explorar o público, e, para atrair a multidão, simularam mais ou menos grosseiramente, alguns fenômenos de mediunidade, como recentemente haviam simulado a clarividência sonambúlica, levando todos os ruidosos galhofeiros a exclamarem: Eis aí o que é o espiritismo!

Quando a engenhosa aparição dos espectros entrou em cena, não proclamaram por toda parte que para o espiritismo era o golpe de misericórdia? Antes de pronunciar uma sentença tão categórica, todos deveriam considerar que as assertivas de um escamoteador não são palavras evangélicas, e certificar-se de que havia identidade real entre a imitação e a coisa imitada. Ninguém compra um brilhante sem antes ter certeza de que não se trata de uma imitação. Um estudo, mesmo pouco acurado, os teria convencido de que os fenômenos espíritas ocorrem em condições completamente diferentes; saberiam, além do mais, que os espíritos não se ocupam em fazer aparecer espectros, nem em ler a sorte de quem quer que seja.

Só a malevolência e uma incrível má-fé puderam comparar o espiritismo à magia e à feitiçaria, já que este lhes repudia o objetivo, as práticas, as fórmulas e as palavras místicas. Há quem não hesite em comparar as reuniões espíritas às assembleias de bruxos, nas quais se aguarda até meia-noite, a hora sinistra, para fazer os fantasmas aparecerem.

Um amigo meu, espírita, assistia um dia a uma representação de ***Macbeth***, sentado ao lado de um jornalista que ele não conhecia. Quando chegou a cena das feiticeiras, ouviu seu vizinho dizer:

– Ótimo! Vamos assistir a uma sessão espírita; é justamente do que preciso para meu próximo artigo; agora vou saber como as coisas acontecem. Se por aqui houvesse um desses loucos, eu lhe perguntaria se ele se reconhece nessa cena.

– Sou um desses loucos – disse-lhe o espírita – e posso garantir-lhe que absolutamente não me reconheço aí, pois embora já tenha assistido a centenas de reuniões espíritas, jamais vi algo semelhante. Se é aqui que o senhor veio em busca de informações para o seu artigo, ele não primará pela verdade.

Muitos críticos não têm bases mais sérias. Sobre quem cai o ridículo, senão sobre os que se arriscam tão estouvadamente? Quanto ao espiritismo, longe de sofrer com isso, seu crédito aumentou devido à repercussão que todas essas manobras lhe deram, chamando a atenção de muita gente que nem sequer tinha ouvido falar nele. Essas manobras provocaram-lhe o exame e aumentaram o número de adeptos, porque se reconheceu que não se tratava de uma brincadeira, e sim de uma coisa séria.

Impotência dos detratores

Visitante – Concordo que entre os detratores do espiritismo há muitos indivíduos inconsequentes, como esse de quem o senhor acaba de falar; mas, não há, ao lado deles, homens de real valor, cuja opinião tem um certo peso?

A. K. – Não o contesto de modo algum. A isso respondo que o espiritismo possui em suas fileiras muitos homens de valor não menos real; e digo mais: a imensa maioria dos espíritas se compõe de homens inteligentes e estudiosos; só a má-fé consegue dizer que ele recruta seus adeptos entre as criadas e os ignorantes.

Um fato peremptório, aliás, responde a essa objeção: é que, apesar do seu saber ou da sua posição oficial, nenhum desses detratores conseguiu deter a marcha do espiritismo; e, no entanto, entre eles não há um, desde o mais insignificante folhetinista, que não se tenha vangloriado de ter-lhe desferido um golpe mortal; mas, sem querer, todos, sem exceção, contribuíram para divulgá-lo. Será que uma ideia que resiste a tantos esforços, que avança sem tropeçar através da chuva de flechas que lhe arremessam, não prova sua força e a profundidade das suas raízes? Esse fenômeno não merece a atenção dos pensadores sérios? Hoje, mais de um diz consigo mesmo que deve existir nisso alguma coisa, talvez um desses grandes movimentos irresistíveis que, de tempos em tempos, sacodem as sociedades para transformá-las.

É o que sempre aconteceu com as ideias novas chamadas a revolucionar o mundo; encontram obstáculos, porque precisam lutar contra os interesses, os preconceitos, os abusos que elas vêm derrubar; mas, como estão nos desígnios de Deus para que se cumpra a lei do progresso da humanidade, quando chegar a hora nada conseguirá detê-las; é a prova de que são a expressão da verdade.

Antes de mais nada, a impotência dos adversários do espiritismo prova, como já disse, a ausência de bons argumentos, pois os que lhe opõem não convencem, mas ela se deve também a outra causa, que frustra todos os seus planos. Espantam-se com a sua invasão, apesar de tudo que fazem para contê-la; ninguém lhe encontra a causa, porque todos a procuram onde não está. Uns a veem no grande poder do diabo, que com isso parecerá mais forte que eles, e até mais forte que Deus; outros, no crescimento da tolice humana. O erro de todos é crer que a fonte do espiritismo é única e que se baseia na opinião de um só homem; daí a ideia de que, pondo por terra a opinião desse homem, destruirão o espiritismo; procuram essa fonte na Terra, quando ela se acha no espaço; ela não está num único ponto, está em toda parte, porque por toda parte os espíritos se manifestam, em todos os países, quer nos palácios ou nas choupanas.

A verdadeira causa está, pois, na própria natureza do espiritismo, que não é impulsionado por uma única pessoa, mas permite que todas recebam diretamente comunicações dos espíritos, certificando-se assim da realidade dos fatos. Como convencer milhões de indivíduos de que tudo isso não passa de prestidigitação, charlatanismo, escamoteação, malabarismo, quando são eles mesmos que, sem a participação de estranhos, obtêm tais resultados? Será possível fazer com que creiam que são cúmplices de si mesmos e que praticam charlatanismo e escamoteação com relação a si próprios?

A universalidade das manifestações dos espíritos que, em todos os pontos do globo, vêm desmentir os detratores e confirmar os princípios da doutrina, é uma força que os que não conhecem o mundo invisível não podem compreender, assim como quem não conhece a eletricidade não pode compreender a rapidez da transmissão de um telegrama; é ante essa força que vão espatifar-se todas as contestações, porque é absolutamente como se alguém dissesse às pessoas que recebem os raios solares que o Sol não existe.

Abstraindo-se as qualidades da doutrina, que agrada muito mais do que as que se lhe opõem, aí está a causa do insucesso dos que tentam deter-lhe a marcha; para consegui-lo, precisariam encontrar o meio de impedir os espíritos de se manifestarem. Eis por que os espíritas não se preocupam muito com as manobras dos detratores; eles têm a seu favor a experiência e a autoridade dos fatos.

O prodigioso e o sobrenatural

Visitante – O espiritismo tende, evidentemente, a fazer com que as crenças baseadas no prodigioso e no sobrenatural revivam; ora, no nosso século positivo, isso me parece difícil, pois significa abonar as superstições e os erros que a razão condena.

A. K. – Uma ideia só é supersticiosa por ser falsa; deixa de sê-lo a partir do momento em que for admitida como verdadeira. A questão é, pois, saber se existem ou não manifestações de espíritos; ora, não se pode tachar uma coisa de superstição enquanto não se tiver *provado* que ela não existe. Dirá o senhor: minha razão se recusa a isso; mas todos os que creem em manifestações, e não se trata de idiotas, invocam seus motivos, e fatos também; qual das duas razões deve prevalecer? O juiz supremo, nesta questão, é o futuro, como aliás o foi em todas as questões científicas e industriais consideradas absurdas e impossíveis ao surgirem.

O senhor julga antecipadamente, segundo a sua opinião; nós só julgamos depois de ter visto o observado por muito tempo. Acrescente-se que o espiritismo esclarecido, como o é hoje, tende, ao contrário, a destruir as ideias supersticiosas, porque mostra o que existe de verdadeiro ou falso nas crenças populares e tudo o que de absurdo a ignorância e os preconceitos introduziram nelas.

Vou mais longe, e digo que é precisamente o positivismo do século que faz com que se adote o espiritismo, e que a ele o espiritismo deve, em parte, sua rápida propagação, e não, como alguns afirmam, a uma recrudescência da simpatia pelo prodigioso e pelo sobrenatural. Diante da luz da ciência, da filosofia e da razão o sobrenatural desaparece, como os deuses do paganismo desapareceram ante a luz do cristianismo.

Sobrenatural é o que está fora das leis da natureza. O positivismo nada admite fora dessas leis; mas será que as conhece todas? Em todos os tempos, os fenômenos cuja causa era desconhecida foram considerados sobrenaturais; cada nova lei descoberta pela ciência recuou os limites do sobrenatural. Pois bem, o espiritismo vem revelar uma nova lei, segundo a qual a comunicação com o espírito de um morto se assenta numa lei tão natural quanto a que permite que, através da eletricidade, haja comunicação entre dois indivíduos a quinhentas léguas de distância um do outro; o mesmo acontece com os outros fenômenos espíritas.

No que concerne ao espiritismo, ele repudia todo efeito prodigioso, isto é, fora das leis da natureza; ele não faz milagres nem prodígios, mas explica, em virtude de uma lei, certos efeitos até agora considerados milagres e prodígios, e, com isso, demonstra-lhes a possibilidade. Amplia, assim, o domínio da ciência, sendo com isso ele próprio uma ciência; mas a descoberta da nova lei traz consigo consequências morais, e o código dessas consequências faz do espiritismo, ao mesmo tempo, uma doutrina filosófica.

Sob esse último ponto de vista, ele responde, positiva e racionalmente, às aspirações do homem quanto ao futuro; por isso agrada ao espírito positivo do século. É o que o senhor compreenderá quando se dignar a estudá-lo (*O Livro dos Médiuns*, cap. II; *Revista Espíritia*, dezembro de 1861 e janeiro de 1862; ver também, adiante, cap. II.)

Oposição da ciência

Visitante – O senhor diz que os espíritos se baseiam em fatos; mas há quem lhes oponha a opinião de sábios, que os contestam ou que os explicam de modo diferente. Por que esses sábios não se detiveram sobre o fenômeno das mesas girantes? Se nelas tivessem visto alguma coisa séria, parece-me que não pensariam em desprezar fatos tão extraordinários, e muito menos os rejeitariam com desdém, já que são todos contra o espiritismo. Os sábios não são o farol das nações, e seu dever não é espalhar conhecimentos? Por que se calaram sobre o assunto, quando tinham diante de si uma excelente oportunidade de revelar ao mundo uma nova força?

A. K. – O senhor acaba de traçar o dever dos sábios de modo admirável; é lamentável que o tenham esquecido em mais de uma circunstância. Mas, antes de responder a essa judiciosa observação, devo assinalar um grande erro que o senhor cometeu ao dizer que todos os sábios são contra nós.

Como lhe disse há pouco, é precisamente nas classes mais esclarecidas que o espiritismo conquista maior número de adeptos, e isso em todos os países do mundo; ele conta com muitos seguidores entre os médicos de todas as nações; ora, os médicos são homens de ciência. Os magistrados, os professores, os artistas, os homens de letras, os oficiais, os altos funcionários, os grandes dignitários etc., que se alinham sob a sua bandeira, são pessoas em quem não se pode deixar de admitir certa dose de saber. Não é só na ciência oficial e nas corporações constituídas que existem sábios.

Pelo fato de o espiritismo não ter ainda direito de cidadania na ciência oficial, isso será motivo para condená-lo? Se a ciência nunca se houvesse enganado, sua opinião, nesse caso, poderia pesar na balança; infelizmente, a experiência prova o contrário. Ela não rejeitou como absurdas muitas descobertas que mais tarde celebrizaram o nome dos seus autores? Não foi a um parecer da nossa principal corporação de sábios que se deveu o fato de a França ter sido privada da prerrogativa do uso do vapor? Quando Fulton veio ao campo de Boulogne apresentar seu sistema a Napoleão I, que recomendou ao Instituto seu exame imediato, este não concluiu que tal sistema era uma utopia e que não valia a pena perder tempo com ele? Deve-se concluir daí que os membros do Instituto sejam ignorantes? Isso justifica os epítetos vulgares, forçosamente de mau gosto, que certas pessoas se comprazem em prodigalizar-lhes? Certamente não; não há pessoa sensata que não faça justiça ao seu saber eminente, reconhecendo, ao mesmo tempo, que eles não são infalíveis e que, sendo assim, principalmente no que se refere a ideias novas, suas decisões não são sentenças em última instância.

Visitante – Admito perfeitamente que eles não sejam infalíveis; mas não é menos verdade que, devido ao seu saber, a opinião deles tem certo valor e que, se estivessem do seu lado, isso daria grande força ao espiritismo.

A. K. – O senhor admitirá, também, que alguém só é bom naquilo que está dentro da sua competência. Se quiser construir uma casa, contratará um médico? Se estiver doente, pedirá a um arquiteto que o trate? Se estiver às voltas com um processo, irá ouvir o parecer de um bailarino? Enfim, caso se trate de uma questão de teologia, pedirá que um químico ou um astrônomo a resolvam? Não; cada um tem seu ofício. As ciências comuns se baseiam nas propriedades da matéria, que pode ser manipulada à vontade; os fenômenos que ela produz têm por agentes forças materiais. Os fenômenos do espiritismo têm por agentes inteligências que possuem independência, livre-arbítrio, e não estão sujeitas aos nossos caprichos; assim, eles escapam aos nossos processos de laboratório e ao nossos cálculos, e, consequentemente, não são da alçada da ciência propriamente dita.

A ciência, pois, perdeu o rumo quando quis analisar os espíritos como analisa uma pilha voltaica; fracassou, e assim devia ser, porque ela agiu visando a uma analogia que não existe. Depois, sem ir mais longe, concluiu pela negação: juízo temerário, como os que o tempo se encarrega de pôr de lado diariamente, tal como fez com tantos outros; e o mesmo acontecerá com os que o tiverem pronunciado, pela vergonha de terem desmentido levianamente o poder infinito do Criador.

As corporações sábias não podem e jamais poderão pronunciar-se nessa questão; ela está tão fora da sua alçada quanto a de decretar se Deus existe ou não. É, pois, um erro constituí-las juízes dela. O espiritismo é uma questão de crença pessoal, que não pode depender do voto de uma assembleia, porque, mesmo sendo-lhe favorável, esse voto não pode forçar as convicções. Quando a opinião pública se tiver formado a esse respeito, membros dessas corporações o aceitarão, individualmente, e se submeterão à força dos fatos. Deixe passar uma geração e, com ela, os preconceitos egoístas em que se obstina, e verá que acontecerá com o espiritismo o mesmo que aconteceu com tantas outras verdades que foram combatidas e que agora seria ridículo contestar. Hoje, os crentes são considerados loucos; amanhã, será a vez dos que não creem; exatamente como outrora se dizia que os que acreditavam que a Terra gira eram loucos.

Mas nem todos os sábios julgaram assim, e, por sábios, entendo os homens de estudo e saber, com ou sem título oficial. Muitos fizeram o seguinte raciocínio:

"Não há efeito sem causa, e os efeitos mais triviais podem levar à solução dos maiores problemas. Se Newton não tivesse dado importância à queda de uma maçã; se Galvani tivesse menosprezado sua criada, chamando-a de louca e visionária quando ela lhe falou das rãs que dançavam no prato, talvez não conhecêssemos ainda a admirável lei da gravidade universal e as inúmeras propriedades da pilha. O fenômeno a que dão o ridículo nome de dança das mesas, não é mais ridículo do que o da dança das rãs, e talvez encerre também alguns dos segredos da natureza que podem revolucionar a humanidade quando decifrados."

Também disseram consigo mesmos:

"Já que tanta gente se preocupa com ele, já que homens sérios o estudaram, alguma coisa deve existir. Uma ilusão, um capricho passageiro, se o preferirem, não pode ter esse caráter de generalidade; pode seduzir um círculo, um grupinho, mas não dá volta ao mundo. Guardemo-nos, pois, de negar a possibilidade de algo que não compreendemos, com receio de, mais cedo ou mais tarde, receber um desmentido que não lisonjeará nossa perspicácia."

Visitante – Muito bem; eis aí um sábio que raciocina com sabedoria e prudência, e, sem ser sábio, penso como ele; observe, porém, que ele nada afirma: ele duvida. Ora, em que basear a crença na existência dos espíritos, e principalmente na possibilidade de nos comunicarmos com eles?

A. K. – Essa crença se apoia no raciocínio e nos fatos. Eu mesmo só a adotei após um meticuloso exame. Tendo adquirido, no estudo das ciências exatas, o hábito das coisas inquestionáveis, sondei, investiguei essa nova ciência nos seus mais recônditos meandros; quis contestar tudo, porque só aceito uma ideia quando lhe conheço o como e o porquê. Eis a argumentação que um sábio médico, outrora incrédulo e hoje adepto fervoroso, me apresentou:

"Dizem que seres invisíveis se comunicam; e por que não? Antes da invenção do microscópio, acaso se suspeitava que existissem esses milhares de animálculos que causam tantos danos ao organismo? Onde está a impossibilidade material de haver no espaço seres que escapam aos nossos sentidos? Teríamos, por acaso, a ridícula pretensão de saber tudo e de dizer a Deus que ele não tem mais nada a nos ensinar? Se esses seres invisíveis que nos rodeiam são inteligentes, por que não se comunicariam conosco? Se estão em contato com os homens, eles devem desempenhar um papel no destino, nos acontecimentos. Quem sabe? Talvez sejam uma das energias da natureza, uma das forças ocultas de que não suspeitamos. Que novo horizonte isso abriria ao pensamento! Que vasto campo de observação? A descoberta do mundo dos invisíveis seria algo bem diferente da descoberta dos infinitamente pequenos, seria mais do que uma simples descoberta, significaria uma revolução nas ideias. Quanta luz pode jorrar daí! Quantas coisas misteriosas explicadas! Os que creem nisso são ridicularizados; mas, que é que isso prova? O mesmo não aconteceu com todas as grandes descobertas? Cristóvão Colombo não foi rejeitado, tratado com desdém, considerado louco?

Essas ideias, dizem, são tão estranhas que não se pode acreditar nelas. Mas, há apenas meio século, teriam rido na cara de quem dissesse que em alguns minutos se poderia corresponder-se de um lado ao outro do mundo, que em poucas horas se atravessaria a França, que com o vapor de um pouco de água fervente um navio poderia avançar contra o vento, que encontraríamos na água meios para iluminar-nos e aquecer-nos, que propusesse iluminar Paris inteira num instante, com apenas um reservatório de uma substância invisível.

Tudo isso será algo mais prodigioso do que ser o espaço povoado por seres pensantes que, depois de terem vivido na Terra, deixaram seu invólucro material? Não estará neste fato a explicação para uma imensidade de crenças que remontam à mais remota antiguidade? Realmente, vale a pena estudar estas coisas a fundo."

Eis as reflexões de um sábio, mas de um sábio despretencioso; são também as de muitos homens esclarecidos. Estes viram, não superficialmente e com desconfiança; eles estudaram seriamente e sem opiniões preconcebidas; tiveram a modéstia de não dizer: não compreendo, portanto, isso não existe; sua convicção formou-se pela observação e pelo raciocínio. Se essas ideias fossem quimeras, o senhor acha que todos esses homens ilustres as teriam adotado? Que por tanto tempo pudessem ter sido vítimas de uma ilusão?

Não há pois qualquer impossibilidade material quanto à existência de seres invisíveis para nós, e povoando o espaço, e só esta consideração bastaria para levar a uma circunspeção maior. Até bem pouco tempo, quem pensaria que uma gota de água límpida pudesse conter milhares de seres cuja pequenez confunde a imaginação? Ora, digo que, para a razão, era mais difícil, então, conhecer seres tão minúsculos, providos de todos os nossos órgãos e funcionando como nós, do que admitir aqueles a quem chamamos espíritos.

Visitante – Sem dúvida, porque uma coisa é possível, não significa que ela exista.

A. K. – Concordo; mas o senhor há de convir que, a partir do momento em que essa coisa não é impossível, já leva uma grande vantagem, pois nada nela se opõe à razão. Resta, pois, constatá-la pela observação dos fatos. Essa observação não é nova: a história, tanto sagrada como profana, prova a antiguidade e a universalidade dessa crença, que se perpetuou através de todas as vicissitudes do mundo, e que torna a ser encontrada entre os povos mais selvagens, no estado de ideias inatas e intuitivas, gravadas no pensamento, como a do Ser supremo e a da existência futura. O espiritismo não é, pois, uma criação moderna; ao contrário, tudo prova que os antigos o conheciam tão bem como nós ou talvez melhor; contudo, ele só era ensinado com precauções misteriosas que o tornavam inacessível às pessoas comuns, deixadas propositadamente no lodaçal da superstição.

Quanto aos fatos, eles são de duas naturezas: uns são espontâneos, outros provocados. Entre os primeiros, devemos alinhar as visões e as aparições, que são muito frequentes, os ruídos, tumultos e deslocamento de objetos sem causa material, e grande quantidade de efeitos insólitos que eram considerados sobrenaturais e que hoje nos parecem bem simples, porque, para nós, nada é sobrenatural, já que tudo se encaixa nas leis imutáveis da natureza. Os fatos provocados, são os que se obtêm por intermédio de médiuns.

Falsas explicações dos fenômenos

Alucinações – Fluido magnético – Reflexo do pensamento – Superexcitação cerebral – Estado sonambúlico dos médiuns

Visitante – É principalmente contra os fenômenos provocados que a crítica se empenha. Deixemos de lado qualquer suposição de charlatanismo, e admitamos total boa-fé; não se poderia pensar que os próprios médiuns sejam vítimas de uma alucinação?

A. K. – Que eu saiba, o mecanismo da alucinação ainda não foi claramente explicado. Tal como a entendem, no entanto, trata-se de um efeito muito singular e digno de estudo. Como, então, os que pretendem, através dela, analisar os fenômenos espíritas, não conseguem explicitar sua explicação? Aliás, há fatos que afastam essa hipótese: quando uma mesa ou outro objeto se move, se ergue, bate; quando ela passeia à vontade numa sala, sem que alguém toque nela; quando sai do chão e se mantém no espaço sem ponto de apoio; finalmente, quando se despedaça ao cair, certamente não se trata de uma alucinação. Supondo-se que o médium, por um efeito da sua imaginação, creia ver o que não existe, será possível que um grupo de pessoas seja vítima da mesma vertigem? Será possível que isso se repita por toda parte, em todos os países? Nesse caso, a alucinação seria mais prodigiosa do que o fato.

Visitante – Admitindo-se a realidade do fenômeno das mesas que giram e batem, não é mais racional atribuí-lo à ação de um fluido qualquer, do fluido magnético, por exemplo?

A. K. – Tal foi o primeiro pensamento que me ocorreu, etre tantos outros. Se os efeitos se tivessem limitado a efeitos materiais, não há dúvida de que se poderia explicá-los; quando, porém, esses movimentos e pancadas deram provas de inteligência; quando se constatou que respondiam ao pensamento com total liberdade, tirou-se daí a seguinte conclusão: **Se todo efeito tem uma causa, todo efeito inteligente tem uma causa inteligente.**

A menos que se trate de um fluido inteligente, pode-se dizer que tudo isso se deve ao efeito de um fluido? Ao ver os braços do telégrafo fazerem sinais que transmitem o pensamento, o senhor sabe perfeitamente que esses braços, de madeira ou de ferro, não são inteligentes, que é uma inteligência que os faz mover-se. O mesmo acontece com a mesa. Existem, sim ou não, efeitos inteligentes? Eis a questão. Os que o contestam, são pessoas que não viram tudo e se apressam a tirar conclusões baseadas nas suas próprias ideias e numa observação superficial.

Visitante – A isso, pode-se responder que, se há um efeito inteligente, este nada mais é senão a própria inteligência, seja do médium, seja de quem o interroga, seja dos assistentes, porque, dizem, a resposta está sempre no pensamento de alguém.

A. K. – Contudo, aí está um erro, fruto de falta de observação. Se os que pensam assim se tivessem dignado a estudar o fenômeno em todas as suas fases, teriam reconhecido, a cada passo, a independência absoluta da inteligência que se manifesta. Como tal tese poderia conciliar-se com respostas que estão fora da capacidade intelectual e da instrução do médium? Com respostas que contrariam suas ideias, seus desejos, suas opiniões, ou que frustram completamente as previsões dos assistentes? Ou com médiuns que escrevem numa língua que não conhecem, ou na sua própria língua, quando não sabem ler nem escrever? À primeira vista, essa opinião nada tem de irracional, concordo com isso, mas ela é desmentida por fatos tão numerosos e tão concludentes, que não é mais possível duvidar-se.

Além do mais, mesmo que se admita essa teoria, o fenômeno, longe de ser simplificado, seria muito mais prodigioso. E como! O pensamento se refletiria sobre uma superfície como a luz, como o som, como o calor! Na verdade, aí haveria algo que devia pôr em ação a sagacidade da ciência. E depois, o que aumentaria ainda mais o prodigioso, é o fato de que, achando-se vinte pessoas reunidas, seria precisamente o pensamento desta ou daquela que se refletiria, e não o pensamento de outra qualquer. Tal sistema é insustentável. É realmente curioso ver os contestadores empenhando-se na busca de causas cem vezes mais extraordinárias e difíceis de compreender do que as que lhes são fornecidas.

Visitante – Segundo a opinião de alguns, não se poderia admitir que o médium esteja num estado de crise e goze de uma lucidez que lhe dá uma percepção sonambúlica, uma espécie de dupla vista, o que explicaria a extensão momentânea das suas faculdades intelectuais? Isto por que, dizem, as comunicações obtidas pelos médiuns não superam as que se obtêm por intermédio de sonâmbulos.

A. K. – Aí temos de novo um desses sistemas que não resistem a um exame mais profundo. O médium não está em crise nem adormecido, mas perfeitamente acordado, agindo e pensando como todo mundo, sem nada ter de anormal. Certos efeitos peculiares podem ter motivado esse engano; mas, qualquer um que não se limite a julgar as coisas pela observação de uma única face, reconhecerá, sem dificuldade, que o médium é dotado de uma faculdade especial que não permite confundi-lo com o sonâmbulo, e a completa independência do seu pensamento é provada por fatos da maior evidência. Abstraindo-se as comunicações escritas, qual é o sonâmbulo que alguma vez fez um pensamento surgir de um corpo inerte? Que produziu aparições visíveis, e até tangíveis? Que conseguiu manter um corpo pesado no espaço, sem ponto de apoio? Terá sido por um efeito sonambúlico que um dia, em minha casa, na presença de vinte testemunhas, um médium desenhou o retrato de uma jovem, falecida há dezoito meses e a quem jamais tinha visto, retrato reconhecido pelo pai dela, presente à sessão? Será por um efeito sonambúlico que uma mesa responde com precisão às perguntas feitas, mesmo quando formuladas mentalmente? Certamente, embora se admita que o médium esteja num estado magnético, parece-me difícil crer que a mesa seja sonâmbula.

Diz-se, também, que os médiuns só falam claramente de coisas conhecidas. Como explicar o fato seguinte e cem outros da mesma espécie? Um amigo meu, ótimo médium escrevente, perguntou a um espírito se uma pessoa, que ele tinha perdido de vista há quinze anos, ainda estava neste mundo. "Sim, ela ainda vive – foi-lhe respondido -, mora em Paris, rua tal, número tal." Ele foi até lá e encontrou a pessoa no endereço indicado. Tratar-se-ia de alguma ilusão? Seu pensamento tampouco poderia sugerir-lhe tal resposta, até porque, devido à idade da pessoa, havia toda probabilidade de que ela não mais existisse. Se, em certos casos, viram-se respostas coincidirem com o pensamento, será racional concluir daí que isso seja uma regra geral? Nisso, como em tudo, os julgamentos precipitados são sempre perigosos, pois podem ser anulados por fatos que deixamos de observar.

Os incrédulos não podem ver para convencer-se

Visitante – Fatos inquestionáveis, eis o que os incrédulos gostariam de ver, que pedem, e que na maioria das vezes não conseguem fornecer-lhes. Se todos pudessem testemunhar fatos assim, não haveria mais dúvidas. Como é então que tanta gente nada consegue ver, apesar da sua boa vontade? Alegam, dizem eles, sua falta de fé; a isso respondem, com razão, que não podem ter uma convicção prévia, e que, se quiserem que eles creiam, devem proporcionar-lhes meios para isso.

A K. – O motivo disso é muito simples. Eles exigem fatos, e os espíritos não obedecem a ordens; deve-se aguardar a boa vontade deles. Portanto, não basta dizer: Mostrai-me tal fato e eu acreditarei. É preciso ter o desejo de perseverar, deixar que os fatos se produzam espontaneamente, sem pretender forçá-los ou dirigi-los. O que o senhor mais deseja, talvez seja exatamente o que não obterá; mas outros surgirão, e o que o senhor quer virá quando menos espera. Diante do observador atento e assíduo, surgem inúmeros fatos que se corroboram reciprocamente; mas, quem acha que basta girar uma manivela para fazer a máquina funcionar, engana-se redondamente. Que faz o naturalista que deseja estudar os hábitos de um animal? Manda-o fazer tal ou tal coisa para poder observá-lo à vontade e sem pressa? Não, pois sabe perfeitamente que ele não lhe obedecerá. Espreita as manifestações espontâneas do seu instinto; aguarda-as e as capta de passagem. O simples bom senso mostra que, com maior razão, o mesmo deve acontecer com os espíritos, que são inteligências muito mais independentes do que a dos animais.

É um erro crer que a fé seja necessária; mas **boa-fé** é outra coisa; ora, há cépticos que negam até a evidência, e a quem os prodígios não conseguiriam convencer. Quantos deles, depois de terem visto, ainda assim insistem em explicar os fatos à sua maneira, dizendo que o que viram nada prova? Essas pessoas só servem para perturbar as reuniões, sem proveito para si próprias; é por isso que as afastamos e que não queremos perder tempo com elas. Existem, mesmo, pessoas que ficariam aborrecidas caso se vissem forçadas a crer, pois seu amor-próprio sofreria se confessassem que se enganaram. Que responder a pessoas que só veem ilusão e charlatanismo por toda parte? Nada; é melhor deixá-las quietas e repetindo, sempre que lhes der vontade, que nada viram e, mesmo, que nada puderam ou nada quiseram mostrar-lhes.

Ao lado desses cépticos empedernidos, há os que querem aprender a seu modo, que, tendo formado uma opinião, querem relacionar tudo a ela; eles não entendem que os fenômenos não podem obedecer aos seus desejos; não sabem ou não querem pôr-se nas condições necessárias. Quem deseja observar de boa-fé deve, não digo crer sob palavra, mas despojar-se de toda ideia preconcebida e não querer comparar coisas incompatíveis; deve aguardar, acompanhar, observar com paciência infatigável. Esta condição é favorável aos adeptos também, porque prova que sua convicção não se formou superficialmente. O senhor tem tal paciência? Não, dirá, não tenho tempo. Então, não se ocupe, não fale mais neste assunto; ninguém o obriga a isso.

Boa ou má vontade dos espíritos para convencer

Visitante – No entanto, os espíritos devem empenhar-se em conquistar adeptos; por que não se dedicam mais aos meios de convencer certas pessoas cuja opinião teria grande influência?

A. K. – Acontece que, aparentemente, eles não fazem questão de convencer, por enquanto, pessoas cuja importância não avaliam como elas próprias o fazem. Isso é pouco lisonjeito, concordo, mas não mandamos na opinião deles; os espíritos têm uma maneira de julgar as coisas que nem sempre coincide com a nossa; eles veem, pensam e agem segundo outros elementos; enquanto nossa visão é circunscrita pela matéria, limitada pelo círculo acanhado dentro do qual vivemos, eles abrangem o conjunto; o tempo, que nos parece tão longo, para eles é um instante; a distância, é um passo apenas. Certos detalhes, que nos parecem de extrema importância, para eles não passam de infantilidades; em compensação, coisas cujo alcance não captamos são consideradas importantes para eles. Para compreendê-los, devemos elevar-nos pelo pensamento acima do nosso horizonte material e moral, e nos colocarmos no seu ponto de vista; não compete a eles descer até nós, nós é que devemos subir até eles, e é a isso que o estudo e a observação nos conduzem.

Os espíritos gostam de observadores assíduos e conscienciosos; para estes, eles multiplicam as fontes de luz; o que os afasta não é a dúvida que nasce da ignorância, é a fatuidade dos pretensos observadores que nada observam, que querem pô-los na berlinda para manobrá-los como fantoches; é, principalmente, o sentimento de hostilidade e de descrédito que trazem consigo, sentimento esse que, embora não seja expresso com palavras, está no seu pensamento. Por estes, os espíritos nada fazem, e pouco se preocupam com o que possam dizer ou pensar, porque a vez deles chegará. Eis por que lhe disse que não é a fé que é necesária, mas a boa-fé.

Origem das ideias espíritas modernas

Visitante – Uma coisa que gostaria de conhecer, senhor, é o ponto de partida das ideias espíritas modernas; serão produto de uma revelação espontânea dos espíritos, ou resultado de uma crença anterior à existência deles? O senhor há de compreender a importância da minha pergunta, porque, neste último caso, poder-se-ia crer que a imaginação não lhe seja estranha.

A. K. – Como o senhor diz, trata-se de uma questão importante sob tal ponto de vista, embora seja difícil admitir, supondo-se que essas ideias tenham se originado de uma crença prévia, que a imaginação tenha conseguido produzir todos os resultados materiais observados. De fato, se o espiritismo se assentasse no pensamento preconcebido da existência dos espíritos, poder-se-ia, com alguma probabilidade de razão, duvidar da sua realidade; porque, se a causa for uma quimera, as próprias consequências devem ser quiméricas; mas, definitivamente, as coisas não se passaram assim.

Observe, inicialmente, que essa sequência seria totalmente ilógica; os espíritos são uma causa e não um efeito; quando se vê um efeito, pode-se procurar-lhe a causa, mas não é natural imaginar uma causa **antes de ter-lhe visto os efeitos**. Não se podia, então, conceber o pensamento dos espíritos se não se tivessem produzido efeitos cuja provável explicação estava na existência de seres invisíveis. Pois bem, não foi exatamente desse modo que tal pensamento surgiu; isto é, não se trata de uma hipótese imaginada a fim de explicar certos fenômenos; a primeira suposição que se fez foi a de uma causa perfeitamente material. Assim, longe de os espíritos terem sido uma ideia preconcebida, partiu-se do ponto de vista ***materialista***. Mas, sendo tal ponto de vista incapaz de explicar tudo, somente a observação conduziu à causa espiritual. Refiro-me às ideias espíritas modernas, já que sabemos que essa crença é tão velha quanto o mundo. Eis o andamento das coisas:

Fenômenos estranhos se produziram, tais como ruídos, pancadas, movimentação de objetos etc., sem causa ostensiva conhecida, fenômenos esses que puderam ser reproduzidos sob a influência de certas pessoas. Até então, nada autorizava a buscar-lhes a causa fora da ação de um fluido magnético ou de outro qualquer, cujas propriedades ainda eram desconhecidas. Não se tardou, porém, a reconhecer nesses ruídos e movimentos um caráter intencional e inteligente, donde se concluiu, como já lhe disse, que: Se todo efeito tem uma causa, todo efeito inteligente tem uma causa inteligente. Essa inteligência não podia estar no objeto em si, porque a matéria não é inteligente. Seria o reflexo da inteligência da pessoa ou das pessoas presentes? Foi o que a princípio se pensou, como também já lhe disse; só a experiência poderia pronunciar-se, e ela demonstrou, através de provas incontestáveis e em várias circunstâncias, a completa independência dessa inteligência. Ela estava, pois, fora do objeto e fora da pessoa. Quem era ela? Foi ela mesma quem respondeu; declarou pertencer à ordem dos seres incorpóreos chamados espíritos. A ideia dos espíritos, portanto, não preexistiu; nem mesmo lhe foi consecutiva. Em resumo, ela não saiu de um cérebro; foi dada pelos próprios espíritos, e tudo o que soubemos depois a respeito deles, foi-nos ensinado por eles mesmos.

Uma vez revelada a existência dos espíritos e estabelecidos os meios de comunicação, foi possível manter diálogos frequentes e obter informações quanto à natureza desses seres, às condições da sua existência e ao seu papel no mundo visível. Se pudéssemos interrogar assim os seres do mundo dos infinitamente pequenos, quantas coisas curiosas não ficaríamos sabendo sobre eles!

Suponhamos que, antes da descoberta da América, um fio elétrico tivesse existido através do Atlântico, e que, na sua extremidade europeia se tivessem observado sinais inteligentes, ter-se-ia concluído que na outra extremidade havia seres inteligentes que tentavam comunicar-se; poderíamos fazer-lhes perguntas e eles teriam respondido. Com isso obteríamos a certeza da sua existência, o conhecimento dos seus costumes, dos seus hábitos, do seu modo de ser, sem jamais tê-los visto. Foi o que ocorreu nas relações com o mundo invisível; as manifestações materiais foram uma espécie de sinais, de meios de advertência que nos puseram no rumo de comunicações mais regulares e mais frequentes.

E, caso notável, à medida que meios mais fáceis de comunicação estão ao nosso alcance, os espíritos abandonam os primitivos, insuficientes e incômodos, como o mudo que, ao recobrar a fala, abandona a linguagem de sinais.

Quem eram os habitantes desse mundo? Eram seres à parte, estranhos à humanidade? Eram bons ou maus? Novamente, foi a experiência que se encarregou de responder; mas, enquanto observações numerosas não vieram lançar luz sobre o assunto, o campo das conjeturas e dos sistemas esteve aberto, e Deus sabe quantos surgiram! Uns julgavam os espíritos superiores em tudo, outros viram neles apenas demônios; era só por suas palavras e atos que se podia julgá-los. Suponhamos que, dentre os habitantes transatlânticos desconhecidos de que acabamos de falar, alguns tenham dito coisas boas, enquanto outros houvessem chamado atenção pelo cinismo da sua linguagem; ter-se-ia concluído que entre eles havia bons e maus. Foi o que aconteceu com relação aos espíritos, e assim se reconheceu entre eles todos os graus de bondade e de maldade, de ignorância e de saber. Uma vez bem esclarecidos quanto aos defeitos e às qualidades existentes entre eles, cabia à nossa prudência distinguir o bom do mau, o verdadeiro do falso nas suas relações conosco, absolutamente como o fazemos com respeito aos homens.

A observação não só nos esclareceu quanto às qualidades morais dos espíritos, mas também quanto à sua natureza e ao que poderíamos chamar estado fisiológico. Ficou-se sabendo, pelos próprios espíritos, que uns são muito felizes e outros muito infelizes; que eles não são seres à parte, de natureza excepcional, e, sim, que são as almas daqueles que já viveram na Terra, onde deixaram seu invólucro corporal, que povoam os espaços, nos rodeiam e esbarram em nós constantemente, e, por sinais incontestáveis, qualquer pessoa pôde reconhecer, entre eles, *seus parentes, seus amigos e os que conheceram neste mundo*; pôde acompanhá-los em todas as fases da sua existência de além-túmulo, desde o instante em que deixaram seu corpo, e observar a situação em que se encontram, segundo seu gênero de morte e o modo como viveram na Terra. Finalmente, soube-se que não se trata de seres abstratos, imateriais, no sentido absoluto da palavra; eles possuem um invólucro, a que chamamos **perispírito**, espécie de corpo fluídico, vaporoso, diáfano, invisível no estado normal, mas que, em certos casos, e por uma espécie de condensação ou de disposição molecular, pode tornar-se momentaneamente visível, e mesmo tangível, e, desde então, o fenômeno das aparições e dos contatos ficou explicado. Esse invólucro existe durante a vida do corpo: é o laço entre o espírito e a matéria. No momento em que o corpo morre, a alma, ou espírito, o que é a mesma coisa, só se despoja do invólucro grosseiro, mas conserva o segundo, como quando despimos uma roupa externa, ficando apenas com a roupa íntima, como o germe de um fruto se despoja do invólucro cortical e só conserva o **perisperma**. É esse invólucro semimaterial do espírito que é o agente dos diferentes fenômenos por meio dos quais ele manifesta sua presença.

Em poucas palavras, aí está a história do espiritismo; o senhor verá, e perceberá melhor ainda, quando o tiver estudado a fundo, que tudo nele é o resultado da observação e não de um sistema preconcebido.

Meios de comunicação

Visitante – O senhor falou dos meios de comunicação; será que podia dar-me uma ideia, pois é difícil compreender como esses seres invisíveis podem conversar conosco?

A. K. – Com prazer; só que o farei resumidamente, pois isso exigiria longos desdobramentos, que o senhor encontrará notadamente em *O Livro dos Médiuns*. Mas o pouco que lhe disser sobre o assunto bastará para pô-lo a par do mecanismo e servirá, principalmente, para fazer com que compreenda melhor algumas das experiências a que poderia assistir antes da sua iniciação completa.

A existência do invólucro semimaterial, ou perispírito é, por si só, uma chave que explica muitas coisas e mostra a possibilidade de certos fenômenos. Quanto aos meios, são muito variados, e dependem, quer da natureza mais ou menos depurada dos espíritos, quer das disposições peculiares às pessoas que lhes servem de intermediárias. O mais comum, que pode ser considerado universal, consiste na intuição, isto é, nas ideias e pensamentos que eles nos sugerem; mas este meio é pouco considerável na generalidade dos casos; há outros mais materiais.

Certos espírios se comunicam por pancadas, respondendo com *sim* e *não*, ou indicando as letras que devem formar as palavras. As pancadas podem ser obtidas pelo movimento basculante de um objeto, de uma mesa, por exemplo, que bate o pé. Muitas vezes elas se fazem ouvir na própria substância dos corpos, sem que estes se movam. Esse modo primitivo é demorado e dificilmente se presta a comunicações mais extensas; a escrita o substituiu, sendo obtida de diferentes maneiras. Utilizou-se no início, e ainda se utiliza algumas vezes, um objeto móvel, como uma prancheta, um cestinho, uma caixa, ao qual se adapta um lápis cuja ponta pousa sobre o papel. A natureza e a substância do objeto são indiferentes. O médium coloca as mãos sobre o objeto, ao qual transmite a influência que recebe do espírito, e o lápis traça os caracteres. Mas, propriamente falando, esse objeto não passa de um apêndice da mão, de uma espécie de porta-lápis. Reconheceu-se depois a inutilidade dessa mediação, que é apenas uma complicação de meios, cujo único mérito é comprovar de modo prático a independência do médium; este último pode escrever segurando ele mesmo o lápis.

Os espíritos ainda se manifestam e podem transmitir seus pensamentos por sons articulados, que ecoam, seja no ar, seja no ouvido; pela voz do médium, pela visão, por desenhos, pela música e por outros meios que um estudo completo pode revelar. Para esses diferentes meios, os médiuns possuem aptidões especiais que dependem do seu organismo. Assim, temos médiuns de efeitos físicos, ou seja, que são capazes de produzir fenômenos materiais, como as pancadas, o movimento de objetos, etc; médiuns auditivos, falantes, desenhistas, músicos, escreventes. Estes últimos são os que possuem a faculdade mais comum,, a que melhor se desenvolve pelo exercício e que é também a mais valiosa, por ser a que permite comunicações mais frequentes e mais rápidas.

O médium escrevente apresenta numerosas variedades, duas das quais são muito distintas. Para compreendê-las, é preciso saber de que modo o fenômeno se produz. Algumas vezes, o espírito atua diretamente sobre a mão do médium, dando-lhe um impulso completamente independente da sua vontade, e sem que o médium tenha consciência do que escreve: é o **médium escrevente mecânico**. Outras vezes, o espírito atua sobre o cérebro; seu pensamento se cruza com o do médium, que então, embora escrevendo de modo involuntário, tem consciência mais ou menos nítida do que obtém: **é o médium intuitivo**; seu papel é exatamente o de um intérprete, que transmite um pensamento que não é o seu e que, no entanto, ele deve compreender. Ainda que, neste caso, algumas vezes o pensamento do espírito e o do médium se confundam, a experiência ensina a distingui-los facilmente. Obtêm-se comunicações igualmente boas por esses dois tipos de médiuns; a vantagem dos que são mecânicos é serem úteis para as pessoas que ainda não estão convencidas. Além disso, a qualidade essencial de um médium reside muito mais na natureza dos espíritos que o assistem e nas comunicações que recebe, do que nos meios de execução.

Visitante – O processo me parece dos mais simples. Será que eu mesmo poderia experimentá-lo?

A. K. – Perfeitamente; digo mesmo que, se o senhor for

dotado da faculdade mediúnica, este será o melhor meio de convencer-se, pois o senhor não poderia pôr em dúvida sua boa-fé. Só lhe aconselho vivamente a não tentar qualquer experiência antes de haver estudado atentamente. As comunicações de além-túmulo são cercadas de mais dificuldades do que se pensa; elas não são isentas de inconvenientes, nem deixam de ser perigosas para quem não tem a necessária experiência. Ocorre aqui o mesmo que aconteceria com alguém que quisesse fazer manipulações químicas sem conhecer Química: correria o risco de queimar os dedos.

Visitante – Existe algum sinal que permita reconhecer essa aptidão?

A. K. – Até agora não se tem conhecimento de um diagnóstico para a mediunidade; todos que se julgava ter descoberto não têm valor algum; experimentar é o único meio de saber se dela somos dotados. Além do mais, os médiuns são muito numerosos, e é raríssimo que, caso nós mesmos não o sejamos, não haja um médium entre os membros da nossa família ou entre pessoas do nosso meio. O sexo, a idade e o temperamento não importam; podem ser encontrados ente homens e mulheres, entre crianças e velhos, entre pessoas sadias e doentes.

Se a mediunidade se traduzisse por um sinal exterior qualquer, isso implicaria a permanência da faculdade, ao passo que ela é essencialmente móbil e fugidia. Sua causa física está na identificação mais ou menos fácil dos fluidos perispiríticos do encarnado com os do espírito desencarnado; sua causa moral está na vontade do espírito, que se comunica quando lhe apraz, e não segundo a nossa vontade, donde resulta: 1°, que nem todos os espíritos podem comunicar-se indiferentemente por todos os médiuns; 2°, que todo médium pode perder ou ter sua faculdade suspensa quando menos espera. Bastam essas poucas palavras para mostrar-lhe que há aí todo um estudo a ser feito para que se percebam as variações que esse fenômeno apresenta.

Portanto, seria um erro crer que todo espírito possa vir a um chamado que lhe é feito, e comunicar-se por um médium qualquer. Para que um espírito se comunique, é preciso, primeiro, que lhe convenha fazê-lo; a seguir, que sua posição ou suas ocupações lho permitam; finalmente, que encontre no médium um instrumento propício, apropriado à sua natureza.

Em princípio, podemos comunicar-nos com espíritos de todas as ordens, com nossos parentes e amigos, tanto com os espíritos mais elevados quanto com os mais vulgares; mas, independentemente das condições de possibilidade individuais, eles vêm mais ou menos de bom grado, segundo as circunstâncias, e *principalmente* em razão da sua simpatia pelas pessoas que os chamam, e não a pedido de qualquer um que, por curiosidade, tenha a ideia de evocá-los; se quando vivos não se teriam perturbado numa situação semelhante, tampouco se perturbarão depois da morte.

Os espíritos sérios só comparecem às reuniões sérias, para onde são chamados com *recolhimento e por motivos sérios*; não se prestam a questões de curiosidade, de prova, ou com um propósito fútil, e nem a experiências.

Os espíritos levianos vão a toda parte; nas reuniões sérias, porém, se calam e mantêm-se afastados para escutar, como fariam estudantes numa douta assembleia. No entanto, fazem das reuniões frívolas um passatempo, divertem-se com tudo, muitas vezes zombam dos assistentes e respondem a tudo sem se preocupar com a verdade.

Os espíritos conhecidos como batedores, e, geralmente, todos os que produzem manifestações físicas, são de uma ordem inferior, sem por isso serem essencialmente maus; possuem uma aptidão, de certo modo especial, para efeitos materiais. Já os espíritos superiores não se ocupam com essas coisas, assim como nossos sábios não se dedicam a exercícios físicos; quando é necessário, eles se utilizam dos primeiros, como nós empregamos trabalhadores braçais para serviços pesados.

Médiuns interesseiros

Visitante – Antes de entregar-se a um estudo de longo fôlego, algumas pessoas gostariam de ter certeza de que não perderão seu tempo, certeza que um fato concludente lhes daria, mesmo que pagassem para obtê-lo.

A. K. – Em quem não quer se dar ao trabalho de estudar, há mais curiosidade do que desejo de instruir-se; ora, os espírios, assim como eu, não gostam dos curiosos. Além disso, a cobiça lhes é extremamente antipática, e eles não se dispõem a fazer qualquer coisa que possa satisfazê-la. Seria preciso ter-se deles uma ideia muito errada para crer que espíritos superiores, como Fénelon, Bossuet, Santo Agostinho, por exemplo, estivessem à disposição de qualquer um, a tanto por hora. Não, senhor. As comunicações de além-túmulo exigem muito respeito, trata-se de algo sério demais para servir de espetáculo.

Sabemos, aliás, que os fenômenos espíritas não funcionam como as engrenagens de um mecanismo, uma vez que dependem da vontade dos espíritos; admitindo-se até que exista a aptidão mediúnica, nada pode garantir que alguém possa obtê-los em dado momento. Se os incrédulos são levados a suspeitar da boa-fé dos médiuns em geral, seria muito pior se houvesse entre eles o incentivo de uma compensação; com toda razão, se poderia suspeitar que o médium gratificado simulasse quando o espírito não se manifestasse, porque, antes de mais nada, ganhar dinheiro era o que queria.

Além de ser o desprendimento absoluto a melhor garantia de sinceridade, a razão não admitiria que, por dinheiro, se evocassem os espíritos de pessoas que nos são caras, mesmo supondo-se que concordassem com isso, o que é mais do que duvidoso; seja como for, só se apresentariam espíritos de categoria inferior, pouco escrupulosos quanto aos meios, e que não seriam dignos de confiança; e mais: estes mesmos sentem um prazer maligno em frustrar os arranjos e os cálculos de quem queira dar-lhes ordens.

A natureza da faculdade mediúnica impede-a, pois, de transformar-se numa profissão, uma vez que ela depende de uma vontade alheia ao médium e que pode faltar-lhe no momento que dela precisar, a menos que a substitua pela astúcia. Mas, mesmo admitindo-se total boa-fé, uma vez que os fenômenos não se produzem à vontade, seria realmente puro acaso se, numa sessão pela qual se tivesse pago, se produzisse exatamente aquele que desejaríamos para convencer-nos. Mesmo que dê cem mil francos a um médium, o senhor não o fará obter dos espíritos o que eles não querem fazer; esse pagamento atraente, que deturparia a intenção, transformando-a em violento desejo de lucro, seria, ao contrário, um motivo para que nada obtivesse. Quando se estiver bem compenetrado desta verdade, de que a afeição e a simpatia são os mais poderosos motivos de atração para os espíritos, se compreenderá que eles não podem ser solicitados pelo pensamento de alguém que queira servir-se deles para ganhar dinheiro.

Portanto, quem precise de fatos para convencer-se, deve provar aos espíritos sua boa vontade, por uma observação séria e paciente, se deseja ser por eles auxiliado; mas, se é verdade que a fé não se impõe, não é menos verdade dizer que também não se pode comprá-la.

Visitante – Compreendo esse raciocínio do ponto de vista moral; contudo, não é justo que quem doa seu tempo a serviço da causa seja indenizado, se isso o impede de trabalhar para seu sustento?

A. K. – Antes de mais nada, será no interesse da causa que o faz, ou no seu próprio? Se abandonou sua profissão, é porque não estava satisfeito com ela, e porque esperava ganhar mais, ou ter menos trabalho no seu novo ofício. Quando é para tirar proveito disso, não há altruísmo algum no fato de doar seu tempo. É absolutamente como se disséssemos que é no interesse da humanidade que o padeiro fabrica pão. A mediunidade não é o único recurso; sem ela, ele seria obrigado a ganhar a vida de outro modo. Quando não têm uma vida independente, os médiuns verdadeiramente sérios e devotados buscam recursos no trabalho cotidiano e não abandonam sua profissão; dedicam à mediunidade apenas o tempo de que podem dispor, sem prejudicar suas atividades; se abrem mão do seu lazer ou do seu repouso, nisso, sim, há devotamento, e nós os respeitamos e estimamos.

A multiplicidade de médiuns nas famílias, aliás, torna os médiuns profissionais inúteis, mesmo que ofereçam todas as garantias desejáveis, o que é muito raro. Se não fosse o descrédito que se associou a esse tipo de exploração, descrédito esse para o qual me alegro de ter contribuído, teríamos visto proliferarem médiuns mercenários, e os jornais se cobririam com seus anúncios; ora, para um que fosse honesto, haveria cem charlatães que, fazendo mau uso de uma faculdade real, ou *simulada*, causariam um prejuízo enorme ao espiritismo. Tenha-se, pois, como princípio que todos os que veem no espiritismo algo diferente de uma exibição de fenômenos curiosos, que compreendem e levam a sério a dignidade, a consideração e os verdadeiros interesses da doutrina, reprovam toda espécie de especulação, sob qualquer forma ou *disfarce* com que se apresente. Os médiuns sérios e sinceros, e me refiro aos que compreendem a santidade do mandato que Deus lhes confiou, evitam, inclusive, qualquer aparência do que poderia fazer pairar sobre eles a menor suspeita de cobiça; a acusação de tirarem um proveito qualquer da sua faculdade, seria vista por eles como uma injúria.

Por mais incrédulo que seja, o senhor há de convir que um médium nessas condições lhe causaria uma impressão bem diferente da que o senhor teria se houvesse pago seu ingresso para vê-lo operar, ou mesmo que tivesse conseguido um ingresso de cortesia, se soubesse que, por trás de tudo, havia uma questão de dinheiro; há de concordar também que, se tivesse visto antes um médium animado de um verdadeiro sentimento religioso, estimulado unicamente pela fé e não pelo atrativo do lucro, ele involuntariamente lhe teria imposto respeito, mesmo que fosse um humilde operário, e lhe inspiraria confiança, pois não teria motivos para suspeitar da sinceridade dele. Pois bem, como este, o senhor encontrará mil contra um, e esta é uma das causas que contribuíram intensamente para o crédito e para a propagação da doutrina, ao passo que, se ela só tivesse tido intérpretes interessados, não possuiria a quarta parte dos adeptos que tem hoje.

Compreende-se perfeitamente que os médiuns de profissão sejam extremamente raros, pelo menos na França, e que sejam desconhecidos na maioria dos centros espíritas da província, onde a reputação de mercenários bastaria para excluí-los de todos os grupos sérios, e onde, para eles, o ofício não seria lucrativo, devido ao descrédito de que seriam alvo e à concorrência de médiuns desinteressados, que se encontram por toda parte.

Para suprir, quer a faculdade que lhes falta, quer a escassez de clientes, há pretensos médiuns que exercem outras atividades ao mesmo tempo, praticando a leitura de cartas, da clara de ovo, da borra de café etc., a fim de satisfazer todos os gostos, esperando com isso, na falta de espíritas, atrair os que ainda acreditam nessas tolices. Se só prejudicassem a si mesmos, o mal não seria tão grande; mas há pessoas que, sem ir além, confundem o abuso com a realidade, e depois, há os mal-intencionados que se aproveitam disso para dizer que nisso consiste o espiritismo. Portanto, o senhor vê que, como a exploração da mediunidade conduz a abusos prejudiciais à doutrina, o espiritismo sério tem razões para condená-la e para repudiá-la como auxiliar.

Visitante – Tudo isso é muito lógico, admito, mas os médiuns desinteressados não estão à disposição de qualquer um, e as pessoas não ousam perturbá-los, ao passo que não hesitam em procurar algum que cobre por isso, porque sabem que não o fazem perder seu tempo. Se houvesse ***médiuns públicos***, seria uma facilidade para as pessoas que desejam convencer-se.

A. K. – Mas, se os médiuns públicos, como o senhor lhes chama, não oferecem as garantias exigidas, que utilidade poderiam ter para a convicção? O inconveniente que aponta não anula os inconvenientes muito mais graves que lhe expus. Muita gente os procuraria mais por diversão, ou para que lhe adivinhassem o futuro, do que para instruir-se. Aquele que, seriamente, deseja convencer-se, se nisso se empenhar com perseverança e boa vontade, cedo ou tarde encontrará os meios; mas não é por ter assistido a uma sessão que ficará convencido, se não estiver preparado para isso. Se levar consigo uma impressão desfavorável, estará menos convencido ao sair da sessão do que quando entrou, e talvez sem vontade de prosseguir num estudo em que nada viu de sério. É o que a experiência prova.

Mas, a par das considerações morais, os progressos da ciência espírita, ao permitir-nos conhecer melhor as condições em que as manifestações se produzem, nos mostram uma dificuldade material de que no início não suspeitávamos. Essa dificuldade tem a ver com as afinidades fluídicas que devem existir entre o espírito evocado e o médium.

Ponho de lado qualquer ideia de fraude e de impostura, e suponho total sinceridade. Para que um médium de profissão possa oferecer toda segurança às pessoas que vão consultá-lo, seria necessário que ele possuísse uma faculdade permanente e geral, isto é, que pudesse comunicar-se facilmente com qualquer espírito e a qualquer momento, para estar constantemente à disposição do público, como um médico, e corresponder a todas as evocações que lhe fossem feitas. Ora, isso não existe em médium algum, tanto nos que são desinteressados como nos outros, e isso devido a causas independentes da vontade do espírito, causas essas sobre as quais não posso me estender aqui, porque não lhe estou dando uma aula de espiritismo. Limitar-me-ei a dizer que as afinidades fluídicas, que constituem o próprio princípio das faculdades mediúnicas, são **individuais** e não **gerais**, que podem existir do médium para determinado espírito e não para outro; que, sem essas afinidades, cujas nuances são múltiplas, as comunicações são incompletas, falsas, ou impossíveis; que, na maioria das vezes, a identificação fluídica entre o espírito e o médium só se estabelece com o tempo, e que só **uma vez em cada dez** acontece que ela seja completa já na primeira vez. Como o senhor vê, a mediunidade está subordinada a leis de certo modo orgânicas, às quais todo médium está sujeito; ora, não se pode negar que isso não seja um empecilho para a mediunidade de profissão, uma vez que a possibilidade e a exatidão das comunicações prendem-se a causas independentes do médium e do espírito. (Ver, adiante, cap. II, parágrafo **Dos Médiuns**.)

Se, pois, rejeitamos a exploração da mediunidade, não é por capricho, nem por espírito de sistema, mas porque os próprios princípios que regem as relações com o mundo invisível se opõem à regularidade e à precisão necessárias àquele que se põe à disposição do público, e a quem o desejo de satisfazer à clientela pagante conduz ao abuso. Não concluo daí que todos os médiuns interesseiros sejam charlatães, mas digo que o atrativo do ganho leva ao charlatanismo, e, se não a justifica, pelo menos autoriza a suspeita de impostura. Quem deseja convencer-se deve, antes de mais nada, procurar elementos de sinceridade.

Médiuns e feiticeiros

Visitante – A partir do momento em que a mediunidade consiste em pôr-se em contato com as potências ocultas, parece-me que médium e feiticeiro significam quase a mesma coisa.

A. K. – Em todas as épocas houve médiuns naturais e inconscientes que, pelo simples fato de produzirem fenômenos insólitos e incompreendidos, foram considerados feiticeiros e acusados de pactuar com o diabo; o mesmo aconteceu com os sábios que possuíam conhecimentos acima da média. A ignorância exagerou-lhes o poder, e mesmo eles muitas vezes abusaram da credulidade pública, explorando-a; daí a justa reprovação de que foram alvo. Basta comparar o poder atribuído aos feiticeiros com a faculdade dos verdadeiros médiuns para perceber a diferença existente entre eles, mas a maioria dos críticos não se dignam a isso. Longe de ressuscitar a feitiçaria, o espiritismo a destrói para sempre, despojando-a do suposto poder subrenatural das suas fórmulas, palavras mágicas, amuletos e talismãs, e reduzindo a seu justo valor os fenômenos possíveis, sem afastar-se das leis naturais.

A equiparação que certas pessoas pretendem estabelecer provém do erro em que incorrem ao supor que os **espíritos estão à disposição dos médiuns**; sua razão recusa-se a crer que dependa de uma pessoa qualquer mandar vir, à vontade e na hora desejada, o espírito deste ou daquele personagem, mais ou menos ilustre. Nisto eles estão perfeitamente certos, e se, antes de apedrejarem o espiritismo, se tivessem dado ao trabalho de estudá-lo, saberiam que ele diz categoricamente que **os espíritos não se submetem aos caprichos de ninguém, e que ninguém consegue fazê-los vir a seu bel-prazer, e contra a vontade deles**; donde se conclui que os médiuns não são feiticeiros.

Visitante – De acordo com isso, todos os efeitos que certos médiuns conceituados obtêm à vontade e em público, segundo o senhor não passariam de prestidigitação?

A. K. – Não o digo de modo absoluto. Tais fenômenos não são impossíveis, porque há espíritos de categoria inferior que podem prestar-se a esse tipo de coisas, e que com elas se divertem, talvez por terem exercido a profissão de prestidigitador quando viviam, e também há médiuns especialmente apropriados para essa espécie de manifestações; porém, o mais elementar bom senso rejeita a ideia de que os espíritos, por pouco elevados que sejam, venham fazer malabarismos e proezas para divertir os curiosos.

A obtenção desses fenômenos à vontade, e principalmente em público, é sempre suspeita; nesse caso, a mediunidade e a prestidigitação se aproximam tanto que muitas vezes é bem difícil distingui-las; antes de ver-se nisso a ação dos espíritos, deve-se fazer minuciosas observações, e levar em conta, quer o caráter e os antecedentes do médium, quer uma porção de circunstâncias que só um estudo aprofundado da teoria dos fenômenos espíritas nos permite apreciar. Deve-se notar que esse gênero de mediunidade, quando mediunidade existe, limita-se à produção do mesmo fenômeno, com algumas pequenas variantes, o que não basta para dissipar as dúvidas. Um desprendimento absoluto seria a melhor garantia de sinceridade.

Seja qual for a realidade desses fenômenos como efeitos mediúnicos, eles produzem um bom resultado, pelo fato de darem repercussão à ideia espírita. A controvérsia que se estabelece sobre o assunto leva muitas pessoas a um estudo mais aprofundado. Certamente, não é aí que se deve ir buscar instruções sérias a respeito do espiritismo, nem sobre a filosofia da doutrina, mas é um meio de forçar a atenção dos indiferentes e forçar os mais recalcitrantes a falarem dele.

Diversidade entre os espíritos

Visitante – O senhor fala de espíritos bons ou maus, sérios ou levianos; confesso que não compreendo essa diferença; parece-me que, ao deixar seu invólucro corporal, eles devem despojar-se das imperfeições inerentes à matéria; que, para eles, devem revelar-se todas as verdades que nos são ocultas, e que devem ficar livres dos preconceitos terrenos.

A. K. – Sem dúvida, ficam livres das imperfeições físicas, ou seja, das doenças e defeitos físicos; mas as imperfeições morais têm a ver com o espírito, não com o corpo. Entre eles há os que são mais e menos adiantados, intelectual e moralmente. Seria um erro acreditar que os espíritos, ao deixar seu corpo material, sejam logo tocados pela luz da verdade. O senhor acha, por exemplo, que quando morrer não haverá diferença alguma entre seu espírito e o de um selvagem ou de um malfeitor? Se fosse assim, de que lhe serviria ter trabalhado para intruir-se e progredir, já que um patife seria igual ao senhor após a morte? O progresso dos espíritos só se efetua gradualmente, e às vezes com muita lentidão. Entre eles, e isso depende da sua depuração, existem os que veem as coisas sob um ponto de vista mais justo do que quando viviam; outros, ao contrário, ainda conservam as mesmas paixões, os mesmos preconceitos e os mesmos erros, até que o tempo e novas provas lhes permitam esclarecer-se. Veja bem que isto é fruto da experiência, pois é assim que eles se apresentam a nós nas suas comunicações. Um princípio elementar do espiritismo é o de que há entre eles espíritos de todos os níveis de inteligência e moralidade.

Visitante – Mas, por que não são todos perfeitos? Será que Deus criou espíritos de todas as categorias?

A. K. – É o mesmo que perguntar por que nem todos os alunos de um colégio não estão cursando Filosofia. Todos os espíritos têm a mesma origem e o mesmo destino. As diferenças existentes entre eles não estabelecem espécies distintas, mas indicam diversos níveis de adiantamento.

Os espíritos não são perfeitos, pois são as almas dos homens, e os homens não são perfeitos, porque são a encarnação de espíritos mais ou menos adiantados. O mundo corporal e o mundo espiritual deságuam sem cessar um no outro; pela morte do corpo, o mundo corporal fornece seu contingente ao mundo espiritual; pelos nascimentos, o mundo espiritual alimenta a humanidade. A cada nova existência, o espírito realiza um progresso maior ou menor, e quando adquirir na Terra a quantidade de conhecimentos e a elevação que o nosso mundo comporta, ele o deixa para passar a um mundo mais elevado, onde adquirirá novos conhecimentos.

Os espíritos que formam a população invisível da Terra são, de certo modo, o reflexo do mundo corporal; neles se encontram os mesmos vícios e as mesmas virtudes; há entre eles sábios, ignorantes e pedantes, prudentes e estouvados, filósofos, ponderados, metódicos; não se tendo livrado dos seus preconceitos, todas as opiniões políticas e religiosas têm neles seus representantes; cada um fala segundo suas ideias, e o que dizem não passa muitas vezes de uma opinião pessoal; eis por que não se deve crer cegamente em tudo o que os espíritos dizem.

Visitante – Se é assim, vejo nisso uma imensa dificuldade; nesse conflito de opiniões diversas, como distinguir o erro da verdade? Não acho que os espíritos nos sirvam para grande coisa, e não percebo o que temos a ganhar conversando com eles.

A. K. – Mesmo que os espíritos servissem apenas para ensinar-nos que existem espíritos, e que esses espíritos são as almas dos homens, isso já não seria de grande importância para todos que duvidam que têm uma alma e que não sabem o que acontecerá com eles depois da morte?

Como todas as ciências filosóficas, esta exige longos estudos e observações minuciosas; só então se aprende a distinguir a verdade da impostura, e se conhece os meios para afastar os espíritos mistificadores. Acima dessa turba de ordem inferior, existem os espíritos superiores, que só visam ao bem e cuja missão é levar os homens ao bom caminho; cabe a nós saber apreciá-los e compreendê-los. Estes nos ensinam coisas importantes; mas não pense que o estudo dos outros seja inútil; para conhecer um povo, é preciso vê-lo sob todos os seus aspectos.

O senhor mesmo é uma prova disso, pois pensava que os espíritos só precisavam deixar seu invólucro corpóreo para se livrarem das suas imperfeições; ora, foram as comunicações com eles que nos ensinaram o contrário, e nos revelaram o verdadeiro estado do mundo espiritual, que é do máximo interesse para nós, já que todos devemos ir para lá. Quanto aos erros que podem originar-se da divergência de opinião entre os espíritos, eles desaparecem por si mesmos, à medida que se aprende a distinguir os bons dos maus, os sábios dos ignorantes, os sinceros dos hipócritas, absolutamente como acontece entre nós; então o bom senso rejeitará as falsas doutrinas.

Visitante – Minha observação continua valendo quanto ao modo de encarar as questões científicas e outras que se podem submeter aos espíritos. A divergência das suas opiniões a respeito das teorias que dividem os sábios nos deixa na incerteza. Compreendo que, não tendo todos o mesmo nível de instrução, eles não podem saber tudo; então, que peso pode ter para nós a opinião dos que sabem, se não podemos verificar quem tem ou não tem razão? Quer nos dirijamos aos homens ou aos espíritos, dá tudo na mesma.

A. K. – Essa reflexão também é uma consequência do desconhecimento do verdadeiro caráter do espiritismo. Quem julga encontrar nele um meio fácil de tudo saber, tudo descobrir, incorre em grave erro. Os espíritos não estão encarregados de vir trazer-nos o conhecimento pronto e completo; seria realmente muito cômodo se nos bastasse pedir para sermos servidos, poupando-nos assim o trabalho de estudar. Deus quer que trabalhemos, que nosso pensamento se exercite; só adquiriremos conhecimento a este preço; os espíritos não vêm isentar-nos dessa necessidade; eles **são o que são; o espiritismo tem por objeto estudá-los,** a fim de saber, por analogia, o que um dia seremos, e não para revelar-nos o que nos deve ser ocultado, ou para revelar-nos as coisas antes do tempo.

Os espíritos tampouco leem a sorte nas cartas, e quem quer que se vanglorie de obter deles certos segredos prepara para si mesmo estranhas decepções da parte dos espíritos zombeteiros; em resumo, **o espiritismo é uma ciência de observação e não uma ciência de adivinhação ou de especulação**. Nós o estudamos para conhecer o estado das individualidades do mundo invisível, as relações existentes entre elas e nós, sua ação oculta sobre o mundo visível, e não pela vantagem material que dele possamos extrair. Deste ponto de vista, não há espírito algum cujo estudo seja inútil; nós aprendemos alguma coisa com todos eles; suas imperfeições, seus defeitos, sua incompetência, até mesmo sua ignorância, são igualmente objeto de observação, que nos instruem quanto à natureza íntima desse mundo; e, quando não são eles próprios que nos instruem com seu ensinamento, nós somos instruídos estudando-os, como o fazemos quando observamos os costumes de um povo que não conhecemos.

Quanto aos espíritos esclarecidos, estes nos ensinam muito, mas no limite do possível; não adianta pedir-lhes o que não podem, ou não devem, revelar; precisamos contentar-nos com o que nos dizem; querer ir além, é expor-se a mistificações dos espíritos levianos, sempre dispostos a responder tudo. A experiência nos ensina a avaliar o grau de confiança que podemos atribuir-lhes.

Utilidade prática das manifestações

Visitante – Suponho que a coisa esteja constatada, e o espiritismo reconhecido como uma realidade; qual pode ser a sua utilidade prática? Se até hoje passamos sem ele, parece-me que poderíamos continuar assim, vivendo tranquilamente sem ele.

A. K. – Poderíamos dizer o mesmo das estradas de ferro e do vapor, sem os quais se vivia muito bem.

Se, por utilidade prática, o senhor entende os meios de bem viver, de fazer fortuna, de conhecer o futuro, de descobrir minas de carvão ou tesouros ocultos, de recuperar heranças, de poupar-se ao trabalho de pesquisar, o espiritismo de nada serve; ele não pode fazer a Bolsa subir ou baixar, nem ser investido em ações, nem mesmo produzir inventos perfeitamente acabados, prontos para serem utilizados. Sob este ponto de vista, quantas ciências seriam inúteis! Quantas há que, comercialmente falando, não têm utilidade!

Do mesmo modo, os homens viviam bem antes da descoberta de todos os novos planetas, antes que se soubesse que é a Terra, e não o Sol, que se move, antes que se tivessem calculado os eclipses, antes que se conhecesse o mundo microscópico e outras cem coisas mais. Para viver e fazer seu trigo brotar, o camponês não precisa saber o que é um cometa. Por que, então, os sábios se entregam a essas pesquisas, e quem ousaria dizer que eles perdem seu tempo?

Tudo que serve para levantar uma ponta do véu contribui para o desenvolvimento da inteligência, amplia o círculo das ideias, fazendo-nos compreender melhor as leis da natureza. Ora, o mundo dos espíritos existe em virtude de uma dessas leis da natureza; o espiritismo nos revela essa lei; mostra-nos a influência que o mundo invisível exerce sobre o mundo visível, e as relações que existem entre ambos, como a Astronomia nos revela as relações existentes entre os astros e a Terra; ele no-lo mostra como uma das forças que regem o Universo e que contribuem para a manutenção da harmonia geral. Suponhamos que sua utilidade se limitasse a isso, já não seria importante a revelação de tal potência, mesmo abstraindo-se qualquer doutrina moral? De nada vale que um mundo completamente novo nos seja revelado, principalmente quando o conhecimento desse mundo nos leva a vislumbrar a solução de uma imensidade de problemas até agora insolúveis? Se nos inicia nos mistérios de além-túmulo, que nos interessam bastante, uma vez que todos nós, cedo ou tarde, deveremos transpor a passagem fatal?

Mas o espiritismo tem uma outra utilidade mais inquestionável: é a influência moral que ele exerce, pela própria força das coisas. O espiritismo é a prova evidente da existência da alma, da sua individualidade após a morte, da sua imortalidade, do seu destino futuro; é, pois, a destruição do materialismo, não pelo raciocínio, mas pelos fatos.

Só se deve pedir ao espiritismo o que ele pode dar, e não buscar nele o que vai além do seu fim providencial. Antes dos progressos sérios da Astronomia, acreditava-se na astrologia. Seria razoável supor que a Astronomia de nada serve, porque não se pode mais encontrar na influência dos astros a previsão do destino? Assim como a Astronomia destronou os astrólogos, o espiritismo destrona os adivinhos, os feiticeiros, os cartomantes. Ele é para a magia o que a Astronomia é para a astrologia, a Química para a alquimia.

Loucura, suicídio e obsessão

Visitante – Certas pessoas consideram as ideias espíritas capazes de perturbar as faculdades mentais, e por isso acham que seria prudente deter-lhes o avanço.

A. K. – O senhor conhece o provérbio: Quando se quer matar um cão, diz-se que ele está raivoso. Não é de espantar, portanto, que os inimigos do espiritismo procurem estribar-se em todos os pretextos; como o de ser capaz de perturbar as faculdades mentais lhes pareceu apropriado para despertar temores e suscetibilidades, agarraram-no avidamente; mas ele não resiste ao mais leve exame. Ouça, pois, sobre essa loucura, o raciocínio de um louco.

Todas as grandes preocupações do espírito podem ocasionar a loucura; as ciências, as artes, e mesmo a religião fornecem seu contingente. A loucura tem sua origem num estado patológico do cérebro, instrumento do pensamento; estando o instrumento danificado, o pensamento fica alterado. A loucura é, pois, um efeito consecutivo, cuja causa primeira é uma predisposição orgânica que torna o cérebro mais ou menos acessível a determinadas impressões; e isso é tão verdadeiro, que há pessoas que pensam exageradamente e não ficam loucas, e outras que enlouquecem sob a influência da menor excitação.

Existindo uma predisposição para a loucura, esta tomará o caráter da preocupação principal, que então se torna uma ideia fixa. Essa ideia fixa poderá ser a dos espíritos, em alguém que se tenha ocupado com eles, como poderá ser a de Deus, dos anjos, do diabo, da fortuna, do poder, de uma arte, de uma ciência, da maternidade, de um sistema político ou social. É provável que o louco religioso se tornasse um louco espírita, se o espiritismo fosse sua preocupação dominante. Um jornal disse, é verdade, que numa única localidade da América, de cujo nome não me lembro, havia quatro mil casos de loucura espírita; mas, sabe-se que os nossos adversários têm a **ideia fixa** de se julgarem os únicos dotados de razão, e aí está uma mania como outra qualquer. Para eles, nós somos todos dignos de manicômios, e, consequentemente, os quatro mil espíritas da localidade em questão deviam ser igualmente loucos. Nesse cômputo, os Estados Unidos entram com centenas de milhares, e todos os outros países do mundo com um número bem maior. Essa brincadeira de mau gosto começa a ficar desgastada, a partir do momento em que se vê essa loucura contagiar as camadas mais elevadas da sociedade. Fazem grande estardalhaço a respeito do caso de Vítor Hennequin, mas se esquecem de que, antes de se ocupar com os espíritos, ele já havia dado provas da excentricidade das suas ideias; se não tivessem surgido as mesas girantes, que, segundo um trocadilho espirituoso dos nossos adversários, lhe fizeram girar a cabeça, sua loucura teria tomado outro rumo.

Digo, pois, que o espiritismo não tem privilégio algum quanto a isso; mas vou mais longe: afirmo que, bem compreendido, ele é uma proteção contra a loucura e o suicídio.

Entre as causas mais numerosas de superexcitação cerebral, devemos incluir as decepções, os infortúnios, os amores contrariados, que são, ao mesmo tempo, as causas mais frequentes de suicídio. Ora, o verdadeiro espírita vê as coisas deste mundo de um ponto de vista tão elevado, que as adversidades, para ele, não passam de incidentes desagradáveis de uma viagem. O que, em outro qualquer provocaria uma violenta emoção, mal o afeta. Ele sabe que os pesares da vida são provas que servem para o seu adiantamento, se os suportar sem queixar-se, porque será recompensado conforme a coragem com que os houver suportado. Suas convicções dão-lhe, pois, uma resignação que o preserva do desespero, e, consequentemente, de uma das causas incessantes de loucura e de suicídio. Além disso, pelo espetáculo que lhe mostram as comunicações com os espíritos, ele conhece a sorte deplorável dos que abreviam seus dias voluntariamente, e esse quadro é perfeito para fazê-lo refletir; é considerável, assim, a quantidade dos que foram detidos à beira desse abismo funesto. Este é um dos resultados do espiritismo.

Entre as causas da loucura, deve-se colocar também o medo, e o medo do diabo já perturbou mais de um cérebro. Acaso se tem conhecimento de quantas vítimas se fez impressionando-lhes as frágeis imaginações com esse quadro que alguns se empenham em tornar mais assustador, acrescentando-lhe detalhes hediondos? O diabo, dizem, só assusta crianças; é um freio para torná-las mais bem-comportadas; sim, como o bicho-papão e o lobisomem, e, quando elas perdem o medo, ficam piores do que antes. E, para obterem esse belo resultado, não levam em conta a quantidade de epilepsias causadas pela perturbação de cérebros tão delicados.

Não se deve confundir **loucura patológica** com **obsessão**; esta não provém de qualquer lesão cerebral, mas da subjugação que espíritos malévolos exercem sobre certos indivíduos, e que, às vezes, se parece com a loucura propriamente dita. Esta afecção, que é muito frequente, independe de qualquer crença no espiritismo e existe desde o início dos tempos. Neste caso, a medicação comum é impotente e mesmo prejudicial. Ao revelar essa nova causa de perturbação do organismo, o espiritismo fornece, ao mesmo tempo, o único meio de acabar com ela, agindo não sobre o enfermo, mas sobre o espírito obsessor. O espiritismo é o remédio e não a causa do mal.

Esquecimento do passado

Visitante – Não compreendo como o homem pode tirar proveito da experiência adquirida em suas existências anteriores, se não se lembra delas; porque, uma vez que delas não se recorda, para ele cada existência é como se fosse a primeira, e, desse modo, precisa sempre recomeçar. Supondo-se que cada dia, ao despertar, perdêssemos a memória do que fizemos na véspera; aos setenta anos não estaríamos mais adiantados do que aos dez, ao passo que, lembrando-nos das nossas faltas, da nossa incompetência e das punições em que incorremos, trataríamos de não repeti-las. Usando a comparação que o senhor fez do homem na Terra com o aluno de um colégio, não compreendo como esse aluno poderia aproveitar as lições da quinta série, por exemplo, se não se lembra do que aprendeu na quarta. Essas soluções de continuidade, na vida do espírito, interrompem todas as relações e, de certa forma, fazem dele um ser novo; donde se pode concluir que nossos pensamentos morrem a cada existência, para renascermos sem ter consciência do que fomos; é uma espécie de redução ao nada.

A. K. – De pergunta em pergunta, o senhor me levará a dar-lhe uma aula completa de espiritismo; todas as objeções que apresenta são naturais em quem nada sabe, mas que, num estudo sério, pode encontrar uma solução bem mais explícita do que a que posso dar numa explanação sumária que, por si só, deve provocar incessantemente novas questões. Tudo se encadeia no espiritismo, e quando se acompanha o conjunto, vê-se que os princípios decorrem uns dos outros, servindo-se mutuamente de apoio; e, então, o que parecia uma anomalia contrária à justiça e à sabedoria de Deus parece perfeitamente natural e vem confirmar essa justiça e essa sabedoria.

É o que acontece com o problema do esquecimento do passado, que está ligado a outras questões de igual importância, por isso aqui não me aprofundarei no assunto.

Se a cada existência um véu é lançado sobre o passado, o espírito nada perde do que já tiver adquirido: ele apenas esquece de que modo o adquiriu. Usando a comparação com o aluno, diria que pouco lhe importa saber onde, como e com que professores cursou a quarta série, se, ao chegar à série seguinte, souber o que se ensina na série anterior. Que lhe importa saber que foi castigado por sua preguiça e por sua indisciplina, se os castigos o tornaram aplicado e dócil? É assim que, ao reencarnar, o homem traz por intuição, e como ideias inatas, o que adquiriu em conhecimentos e moralidade. Digo em moralidade, porque, se durante uma existência ele se melhorou, se aproveitou as lições da experiência, quando voltar será instintivamente melhor. Amadurecido na escola do sofrimento, e pelo trabalho, seu espírito terá mais firmeza; longe de ter que recomeçar tudo, ele possui um cabedal cada vez mais rico, em que pode apoiar-se para adquirir mais conhecimentos.

Quanto à segunda parte da sua objeção, que diz respeito ao aniquilamento do pensamento, ela é improcedente, pois esse esquecimento só se verifica durante a vida corporal; ao deixá-la, o espírito recobra a lembrança do seu passado e pode, então, avaliar o caminho que percorreu e o quanto ainda tem a percorrer; de modo que não há solução de continuidade na vida espiritual, que é a vida normal do espírito.

O esquecimento temporário é uma dádiva da Providência; muitas vezes a experiência é adquirida através de duras provas e terríveis expiações, cuja lembrança seria muito penosa e viria juntar-se às angústias das tribulações da vida presente.

Se os sofrimentos da vida parecem longos, que aconteceria, então, se fossem aumentados pela lembrança dos sofrimentos do passado? O senhor, por exemplo, hoje é um homem honesto, mas talvez deva isso às severas punições que possa ter sofrido por más ações que sua consciência hoje repudiaria; acaso lhe seria agradável lembrar-se de ter sido enforcado por isso? Ao pensar que o mundo não ignora o mal que o senhor fez, a vergonha não o perseguiria? Que lhe importa o que por acaso tenha feito e o que tenha sofrido para expiá-lo, se agora o senhor é um homem digno? Aos olhos do mundo, o senhor é um homem novo, e aos olhos de Deus, um espírito reabilitado. Liberto da lembrança de um passado importuno, pode agir com mais liberdade; para o senhor é um novo ponto de partida; suas dívidas anteriores estão quitadas, cabe-lhe agora não contrair novas.

Quantos homens gostariam de poder assim, durante a vida,

lançar um véu sobre os seus primeiros anos! Quantos, no fim da sua carreira, não se disseram: "Se tivesse que recomeçar, não faria o que fiz!" Pois bem, o que não podem refazer nesta vida, eles o refarão em outra; numa nova existência, seu espírito trará, em estado de intuição, as boas resoluções que tiver tomado. É assim que se realiza gradualmente o progresso da humanidade.

Suponhamos ainda, o que é um caso muito comum, que, nas suas relações, na sua intimidade mesmo, exista alguém de quem teve motivos para guardar ressentimento, que talvez o tenha arruinado ou desonrado em outra existência, e que, espírito arrependido, veio encarnar-se no seu meio, veio unir-se ao senhor por laços familiares para, por seu devotamento e afeição, reparar os danos que lhe causou; ambos não se veriam numa situação hipócrita, caso se lembrassem da sua mútua inimizade? Em vez de aplacar-se, os ódios se eternizariam.

O senhor pode concluir, daí, que a lembrança do passado traria perturbação às relações sociais e seria um entrave ao progresso. Quer uma prova disso? Caso um homem condenado às galés tome a firme resolução de tornar-se honesto, que acontece ao ser solto? É rejeitado pela sociedade, e essa rejeição quase sempre faz com que volte a mergulhar no vício. Supondo-se que, ao contrário, todos lhe ignorassem os antecedentes, ele seria bem acolhido; se ele mesmo conseguisse esquecê-los, não seria por isso menos honesto, e poderia andar de cabeça erguida, em vez de curvá-la sob a vergonha da lembrança.

Isto está perfeitamente de acordo com a doutrina dos espíritos a respeito dos mundos superiores ao nosso. Nesses mundos onde só reina o bem, a lembrança do passado nada tem de penosa; eis por que lá todos recordam a sua existência precedente, como nós nos lembramos do que fizemos na véspera. Quanto ao tempo que podem ter permanecido em mundos inferiores, não passa de um sonho mau.

Elementos de convicção

Visitante – Concordo, senhor, que do ponto de vista filosófico a doutrina espírita é perfeitamente racional; mas, continua de pé a questão das manifestações, que só pode ser resolvida por fatos; ora, é a realidade desses fatos que muita gente contesta, e não lhe deve causar estranheza o desejo de testemunhá-los que muitos manifestam.

A. K. – Acho-o muito natural; só que, como procuro fazer com que sejam proveitosos, explico em que condições convém colocar-se para melhor observá-los, e, principalmente, compreendê-los; ora, quem não quer colocar-se nessas condições, mostra que não tem o desejo sério de esclarecer-se, e então é inútil perder-se tempo com ele.

O senhor há de convir, também, que seria estranho que uma filosofia tão racional tivesse sua origem em fenômenos ilusórios e contovertidos. Em boa lógica, a realidade do efeito implica a realidade da causa; se um é verdadeiro, a outra não pode ser falsa, pois onde não houvesse árvores, não se poderia colher frutos.

É verdade que nem todo mundo pôde constatar os fatos, porque nem todos se colocaram nas condições exigidas para observá-los, e não tiveram a paciência e a perseverança necessárias. Mas, o mesmo ocorre em todas as ciências: o que uns não fazem, fazem-no outros; todos os dias aceitamos o resultado dos cálculos astronômicos, sem tê-los feito nós mesmos. Seja como for, se o senhor acha a filosofia boa, pode aceitá-la como aceitaria outra qualquer, guardando para si sua opinião quanto às vias e aos meios que a ela conduziram, ou, pelo menos, admitindo-a só a título de hipótese, até uma constatação mais ampla.

Os elementos de convencimento não são os mesmos para todos; o que convence uns, não produz o menor efeito em outros: eis por que é preciso um pouco de tudo. Mas, é um erro crer que as experiências físicas sejam o único meio de convencimento. Já vi pessoas a quem os mais notáveis fenômenos não conseguiram impressionar, ao passo que uma simples resposta escrita o conseguiu. Quando vemos um fenômeno que não compreendemos, mais extraordinário e mais suspeito nos parece, e o pensamento procura sempre uma causa comum para ele; quando o compreendemos, fica bem mais fácil admiti-lo, porque ele tem sua razão de ser: o prodigioso e o sobrenatural desaparecem.

Certamente, as explicações que acabo de dar-lhe longe estão de ser completas. Mas, por mais sucintas que sejam, estou convencido de que o levarão a refletir; e, se as circunstâncias o tornarem testemunha de alguns fatos de manifestação, o senhor os verá com menos prevenção, porque poderá assentar seu raciocínio sobre uma base.

Há duas coisas no espiritismo: a parte experimental das manifestações e a doutrina filosófica. Ora, sou todos os dias procurado por pessoas que nada viram e acreditam tão fimemente como eu, unicamente por terem estudado a parte filosófica; para elas, o fenômeno das manifestações é secundário; o fundamental é a doutrina, a ciência; eles a consideram tão grande, tão racional, que nela encontram tudo que pode satisfazer-lhes às aspirações íntimas, sem contar o fato das manifestações; donde concluem que, supondo-se que as manifestações não existissem, a doutrina não deixaria de ser a que melhor resolve uma infinidade de problemas considerados insolúveis. Quantos não disseram que essas ideias haviam germinado no seu cérebro, mas nele estavam confusas. O espiritismo veio formulá-las, dar-lhes corpo, e foi para eles como um raio de luz. É isso que explica o número de adeptos que a simples leitura de **O Livro dos Espíritos** conquistou. O senhor acha que teria sido assim se não tivéssemos partido das mesas girantes e falantes?

Visitante – O senhor tinha razão ao dizer que das mesas girantes havia surgido uma doutrina filosófica; e eu estava longe de suspeitar as consequências que podiam surgir de algo que era encarado como simples objeto de curiosidade. Agora vejo quanto é vasto o campo aberto pelo seu sistema.

A. K. – Aqui, devo interrompê-lo; o senhor me honra muito atribuindo-me esse sistema, mas ele não me pertence. Foi totalmente deduzido do ensinamento dos espíritos. Vi, observei, coordenei, e procuro fazer com que os outros compreendam o que eu compreendo; eis a parte que me cabe. Entre o espiritismo e as outras doutrinas filosóficas há uma diferença capital: é que as últimas são todas obra de homens mais ou menos esclarecidos, ao passo que naquele que o senhor me atribui, não tenho o mérito da invenção de um único princípio. Diz-se: a filosofia de Platão, de Descartes, de Leibnitz; jamais se dirá: a doutrina de Allan Kardec, e isto é muito bom, pois que importância teria um nome numa questão tão séria? O espiritismo tem auxiliares bem mais importantes, e, comparados com eles, somos simples átomos.

Sociedade para a continuação das obras espíritas de Allan Kardec, 7, rue de Lille

Visitante – O senhor tem uma sociedade que se ocupa com esses estudos; ser-me-ia possível fazer parte dela?

A. K. – Por enquanto, certamente não; porque se, para ser recebido, não é necessário ser doutor em espiritismo, pelo menos é preciso ter sobre o assunto noções menos incipientes do que as suas. Como a sociedade não quer ser perturbada em seus estudos, ela não pode receber quem vá fazê-la perder seu tempo com questões elementares, nem quem, por não simpatizar com seus princípios e convicções, ou por espírito de contradição, possa provocar desordens intempestivas. Trata-se de uma sociedade científica, como tantas outras, que se dedica a aprofundar os diferentes pontos da ciência espírita e que busca esclarecer-se; é o centro para onde convergem as informações de todas as partes do mundo, e onde se elaboram e coordenam as questões relativas ao progresso da ciência; mas não é uma escola, nem um curso de ensino elementar. Mais tarde, quando suas convicções estiverem estabelecidas pelo estudo, ela verá se convém admiti-lo. Enquanto isso, o senhor poderá, no máximo, assistir a uma ou duas sessões, como ouvinte, sob a condição de não fazer qualquer reflexão que possa melindrar quem quer que seja, sem o que, eu, que irei apresentá-lo, me exporia à censura dos meus colegas, e a porta lhe seria fechada para sempre. O senhor verá uma reunião de homens sérios e de boa sociedade, a maioria dos quais são dignos de apreço pela superioridade do seu saber e por sua posição social, e que não admitiriam que aqueles que a sociedade concorda em receber se afastassem das conveniências no que quer que seja; não creia, pois, que ela convide o público e que chame qualquer um para assistir às suas sessões. Como não faz demonstrações para satisfazer a curiosidade, ela afasta cuidadosamente os curiosos. Portanto, os que supusessem que lá encontrariam uma distração e uma espécie de espetáculo, ficariam desapontados, e melhor farão se lá não se apresentarem. Eis por que ela se recusa a admitir, mesmo como meros ouvintes, pessoas que não conhece, ou cujas tendências hostis são notórias.

Proibição do espiritismo

Visitante – Uma última pergunta, por gentileza. O espiritismo tem inimigos poderosos; eles não poderiam fazer com que sua prática e as sociedades fossem proibidas, e com isso deter-lhe a propagação?

A. K. – Seria o meio de perder a partida um pouco mais depressa, pois a violência é o argumento daqueles que nada de sério têm a dizer. Se o espiritismo é uma quimera, ele sucumbirá por si mesmo, sem que se esforcem tanto para isso; se o perseguem, é porque o temem, e só se tem medo do que é sério. Se é uma realidade, está, como já o disse, na natueza, e não se revoga uma lei da natureza com uma penada.

Se as manifestações espíritas fossem privilégio de um homem, não há dúvida que, pondo esse homem de lado, se poria fim às manifestações; infelizmente para os adversários, elas não são um mistério para quem quer que seja; nada há de secreto, nada de oculto, tudo acontece às claras; elas estão à disposição de todo mundo, e são usadas do palácio à choupana. Podem proibir-lhe o exercício público, mas sabe-se perfeitamente que não é em público qie elas melhor se produzem; é na intimidade. Ora, como todos podem ser médiuns, quem pode impedir que uma família no seu lar, que um indivíduo no silêncio do seu gabinete, que um prisioneiro no seu cárcere tenham comunicações com os espíritos, mesmo nas barbas da polícia e sem que ela o perceba? Admitamos, entretanto, que um governo fosse bastante forte para impedi-los de trabalhar na própria casa; será que conseguiria impedi-los de fazê-lo na casa dos vizinhos, no mundo inteiro, já que, nos dois hemisférios, não há um país onde não existam médiuns?

Além do mais, o espiritismo não tem sua fonte entre os homens; ele é obra dos espíritos, que ninguém pode queimar, nem encarcerar. Ele se assenta na crença individual e não nas sociedades, que são perfeitamente dispensáveis. Se se conseguisse destruir todos os livros espíritas, os espíritos os ditariam novamente.

Em resumo, hoje o espiritismo é um fato consumado; ele conquistou seu lugar na opinião pública e entre as doutrinas filosóficas; é preciso, portanto, que aqueles a quem não convém se resignem a vê-lo ao seu lado, sem necessidade de pôr-se em contato com ele.

Terceiro diálogo – o padre

Padre – O senhor permitirá que eu também lhe faça algumas perguntas?

A. K. – Pois não, senhor; mas, antes de responder-lhe, creio ser útil informá-lo quanto ao terreno em que pretendo situar-me. Devo, antes de mais nada, declarar-lhe que de modo algum procurarei convertê-lo às nossas ideias. Se desejar conhecê-las com todos os detalhes, o senhor as encontrará nos livros em que estão expostas; neles, poderá estudá-las sem pressa, e aceitá-las ou rejeitá-las livremente.

O espiritismo tem por objetivo combater a incredulidade e suas funestas consequências, dando provas evidentes da existência da alma e da vida futura; ele se dirige, pois, àqueles que em nada creem ou **que duvidam**, e são numerosos, o senhor sabe; os que têm uma fé religiosa, e para quem **esta fé basta**, não precisam dele. A quem diz: "Creio na autoridade da Igreja e atenho-me ao que ela ensina, sem nada buscar fora dela", o espiritismo responde que não se impõe a quem quer que seja e não vem forçar qualquer convicção.

A liberdade de consciência é uma consequência da liberdade de pensar, que é um dos atributos do homem; e, se não a respeitasse, o espiritismo estaria em contradição com seus princípios de caridade e de tolerância. A seu ver, toda crença, quando for sincera e não levar a fazer mal ao próximo, é respeitável, mesmo que seja errônea. Se alguém visse sua consciência induzida a crer, por exemplo, que é o Sol que gira, nós lhe diríamos:

Acredite, se lhe apraz, pois isso não impedirá a Terra de girar; mas, assim como não procuramos violentar-lhe a consciência, não procure violentar a dos outros. Se o senhor transformar uma crença, inocente em si, em instrumento de perseguição, ela se torna nociva e pode ser combatida.

Tal é, reverendo, a linha de conduta que mantive com relação aos ministros de diferentes cultos que se dirigiram a mim. Quando me interrogaram a respeito de alguns pontos da doutrina, dei-lhes as explicações necessárias, abstendo-me de discutir certos dogmas, com os quais o espiritismo não tem que se preocupar, uma vez que todos são livres em suas apreciações; jamais, porém, fui procurá-los com o propósito de abalar-lhes a fé através de uma pressão qualquer. Aquele que vem a nós como irmão, nós o acolhemos como tal; aquele que nos rejeita, nós o deixamos em paz. É o conselho que não cesso de dar aos espíritas, porque nunca aprovei os que se atribuem a missão de converter o clero. Sempre lhes tenho dito: Semeiem no campo dos incrédulos, pois lá há uma grande colheita a fazer.

O espiritismo não se impõe, porque, como lhe disse, ele respeita a liberdade de consciência; ele sabe, aliás, que toda crença imposta é superficial e só revela uma fé aparente, não uma fé sincera. Ele expõe seus princípios aos olhos de todos, de modo a permitir que cada um possa formar uma opinião com conhecimento de causa. Aqueles que lhe aceitam os princípios, sejam eles sacerdotes ou leigos, fazem-no livremente e por acharem que são racionais; mas nós não nos zangamos, em absoluto, com os que não concordam com a nossa opinião. Se hoje há luta entre a Igreja e o espiritismo, temos consciência de não havê-la provocado.

Padre – Se a Igreja, vendo surgir uma nova doutrina, encontra nela princípios que, em consciência, julga dever condenar, o senhor lhe contesta então o direito de discuti-los e combatê-los, de prevenir os fieis contra o que ela considera errado?

A. K. – De modo algum; não contestamos um direito que reivindicamos para nós mesmos. Se ela se tivesse mantido nos limites da discussão, tudo bem; mas leia a maior parte dos textos emanados dos seus membros ou publicados em nome da religião, os sermões que foram pregados, e verá neles a injúria e a calúnia transbordando por toda parte, verá os princípios da doutrina indigna e maldosamente desfigurados. Já não se ouviu, do alto do púlpito, os adeptos do espiritismo serem chamados de inimigos da sociedade e da ordem pública? E não se viu aqueles que foram reconduzidos à fé pela doutrina serem excomungados e rejeitados pela Igreja, sob a alegação de que mais vale ser incrédulo do que crer em Deus e na alma através do espiritismo? Muitos não lamentam que não haja para os espíritas as fogueiras da inquisição? Em certas localidades, não os tornam alvo do ódio dos seus concidadãos, a ponto de fazer com que os persigam e injuriem nas ruas? Não impuseram a todos os fieis que fujam deles como pestilentos, não dissuadiram os criados de trabalharem para eles? Mulheres não foram induzidas a separar-se dos seus maridos, e maridos das suas mulheres, por causa do espiritismo? Não se fez empregados perderem seus postos, não se tirou de operários o pão do trabalho, e dos necessitados o pão da caridade, por serem espíritas? Não mandaram de volta, em alguns hospitais, até cegos, porque não quiseram abjurar sua crença? Diga-me, reverendo, será isso uma discussão leal? Os espíritas retribuíram injúrias com injúrias, o mal com o mal? Não. A tudo opuseram a calma e a moderação. A consciência pública já lhes fez justiça, reconhecendo que não foram eles os agressores.

Padre – Qualquer homem sensato deplora esses excessos; mas a Igreja não poderia ser responsabilizada pelos abusos cometidos por alguns dos seus membros pouco esclarecidos.

A. K. – Concordo com isso; mas os príncipes da Igreja estarão entre os membros pouco esclarecidos? Veja a pastoral do bispo de Argel e de alguns outros. Não foi um bispo que ordenou o auto-de-fé de Barcelona? A autoridade superior eclesiástica não tem total soberania sobre seus subordinados? Se ela tolera esses sermões indignos da cátedra evangélica, se patrocina a publicação de textos injuriosos e difamatórios contra uma classe de cidadãos, se não se opõe às perseguições praticadas em nome da religião, é porque as aprova.

Em resumo, ao repelir sistematicamente os espíritos que a ela voltavam, forçou-os a retrair-se; pela natureza e violência dos seus ataques, ela ampliou a discussão, levando-a para um novo terreno. O espiritismo era só uma doutrina filosófica; foi a própria Igreja que a fez crescer, apresentando-a como um inimigo terrível; foi ela, enfim, que a proclamou como uma nova religião. Foi uma mancada, mas a paixão não raciocina.

Um livre-pensador – Há pouco o senhor proclamou a liberdade de pensamento e de consciência, e declarou que toda crença sincera é respeitável. O materialismo é uma crença como outra qualquer; por que não gozaria então da mesma liberdade que o senhor outorga a todas as outras?

A. K. – Por certo, qualquer pessoa é livre para crer no que lhe aprouver, ou para não crer em absolutamente nada, e não perdoaríamos uma perseguição contra quem acredita no nada após a morte, como não a toleraríamos contra quem se tenha afastado de uma religião qualquer. Ao combater o materialismo, combatemos, não os indivíduos, mas uma doutrina que, se é inofensiva para a sociedade quando se restringe ao foro íntimo da consciência de pessoas esclarecidas, é uma chaga social caso se generalize.

A crença de que, para o homem, tudo acaba depois da morte, de que toda solidariedade cessa com a vida, leva-o a considerar o sacrifício do seu bem-estar presente em proveito de outrem como um absurdo; daí a máxima: Cada um por si durante a vida, pois nada existe no além. A caridade, a fraternidade, a moral não têm base alguma, nem razão de ser. Por que incomodar-se, constranger-se, privar-se hoje, quando amanhã talvez não existamos mais? A negação do futuro, a simples dúvida sobre a vida futura, são os maiores estimulantes do egoísmo, origem da maior parte dos males da humanidade. É preciso uma grande virtude para deter-se à beira do abismo do vício e do crime, sem outro freio a não ser a sua própria força de vontade. O respeito humano pode moderar o homem do mundo, mas não aquele para quem a opinião dos outros nada significa.

Ao mostrar a perpetuidade das relações entre os homens, a crença na vida futura estabelece entre eles uma solidariedade que não cessa no túmulo; com isso, ela muda o curso das ideias. Se essa crença fosse apenas um espantalho inútil, não duraria muito tempo; como, porém, sua realidade é um fato comprovado pela experiência, é um dever propagá-la e combater a crença contrária, no próprio interesse da ordem social. É o que o espiritismo faz, e o faz com sucesso, porque apresenta provas, e porque, decididamente, o homem prefere ter a certeza de viver e de poder ser feliz num mundo melhor, para compensar as misérias deste mundo, a crer que morrerá para sempre. A ideia de se ver definitivamente aniquilado, de imaginar seus filhos e os seres que lhe são caros irremediavelmente perdidos, agrada a bem poucas pessoas, pode crer; eis por que os ataques dirigidos contra o espiritismo em nome da incredulidade têm tido pouco êxito, e não o abalaram um instante sequer.

Padre – A religião ensina tudo isso; até agora ela foi suficiente; então, que necessidade há de uma nova doutrina?

A. K. – Se a religião é suficiente, por que existem tantos incrédulos, religiosamente falando? A religião nos ensina tudo isso, é verdade; ela nos manda acreditar; mas há tanta gente que não crê, embora lhe digam que é assim! O espiritismo prova e mostra o que a religião ensina pela teoria. Além do mais, de onde vêm essas provas? Da manifestação dos espíritos. Ora, é provável que os espíritos só se manifestem com a permissão de Deus; se, pois, Deus, na sua misericórdia, envia aos homens esse socorro para tirá-los da incredulidade, é uma impiedade rejeitá-lo.

Padre – Entretanto, o senhor não deixará de convir que o espiritismo não está de acordo com a religião em todos os pontos.

A. K. – Meu Deus, reverendo, todas as religiões dirão a mesma coisa: os protestantes, os judeus, os muçulmanos, bem como os católicos.

Se o espiritismo negasse a existência de Deus, da alma, da sua individualidade e da sua imortalidade, das penas e das recompensas futuras, do livre-arbítrio do homem; se ensinasse que, neste mundo, cada um só deve viver para si e pensar em si, ele não apenas seria contrário à religião católica, como a todas as religiões do mundo; isso seria a negação de todas as leis morais, base das sociedades humanas. Longe disso, os espíritos proclamam um Deus único, supremamente justo e bom; eles dizem que o homem é livre e responsável por seus atos, recompensado e punido segundo o bem e o mal que tiver feito; eles colocam a caridade evangélica acima de todas as coisas, e esta regra sublime ensinada pelo Cristo: Fazer aos outros o que gostaríamos que fizessem conosco. Não são estes os fundamentos da religião? E fazem mais: nos iniciam nos mistérios da vida futura, que para nós já não é uma abstração, e sim uma realidade, pois são aqueles mesmos que conhecemos que vêm descrever-nos sua situação, dizer-nos como e porque sofrem ou são felizes. Que há de antirreligioso nisso? Essa certeza do futuro, de reencontrar aqueles a quem se amou, não é uma consolação? Essa grandiosidade da vida espiritual, que é a nossa essência, comparada às mesquinhas preocupações da vida terrena, não é perfeita para elevar-nos a alma e incitar-nos ao bem?

Padre – Concordo que, no que diz respeito às questões gerais, o espiritismo está em conformidade com as grandes verdades do cristianismo; mas, do ponto de vista dos dogmas, acontecerá o mesmo? Acaso ele não contradiz certos princípios que a Igreja ensina?

A. K. – Antes de mais nada, o espiritismo é uma ciência e não se ocupa com questões dogmáticas. Esta ciência tem consequências morais, como todas as ciências filosóficas; essas consequências serão boas ou más? Pode-se julgá-las pelos princípios gerais que acabo de expor. Algumas pessoas se equivocam quanto quanto ao verdadeiro caráter do espiritismo. A questão é muito séria e merece alguns desdobramentos.

Inicialmente, apelemos para uma comparação: estando na natureza, a eletricidade sempre existiu e, desde o início dos tempos, produziu os efeitos que conhecemos e muitos outros que ainda ignoramos. Os homens, na ignorância da verdadeira causa, explicaram esses efeitos de um modo mais ou menos bizarro. A descoberta da eletricidade e das suas propriedades veio pôr por terra uma porção de teorias absurdas, lançando luz sobre mais de um mistério da natureza. O que a eletricidade e as ciências físicas em geral fizeram quanto a certos fenômenos, o espiritismo o fez com relação a fenômenos de outra ordem.

O espiritismo tem por base a existência de um mundo invisível, formado por seres incorpóreos que povoam o espaço, e que outra coisa não são senão as almas daqueles que viveram na Terra ou em outros globos, onde deixaram seu invólucro material. São os seres a que chamamos espíritos. Eles nos rodeiam sem cessar, exercem sobre os homens, sem que estes o percebam, uma grande influência; eles desempenham um papel muito ativo no mundo moral e, até certo ponto, no mundo físico. Portanto, o espiritismo está na natureza, e pode-se dizer que, numa certa ordem de ideias, ele é uma energia, como a eletricidade o é, sob outro ponto de vista, como a gravitação é outra. Os fenômenos de que o mundo invisível é a fonte, na verdade se produziram em todos os tempos; eis por que a história de todos os povos faz menção a eles. Só que, como aconteceu quanto à eletricidade, os homens, na sua ignorância, atribuíram esses fenômenos a causas mais ou menos racionais, e, assim sendo, deram livre curso à sua imaginação.

Melhor observado desde que se propagou, o espiritismo vem esclarecer uma imensidade de questões até agora insolúveis ou mal compreendidas. Seu verdadeiro caráter é, pois, o de uma ciência, e não de uma religião; e a prova disso é que, entre seus adeptos, conta com homens de todas as crenças, que nem por isso renunciaram às suas convicções: católicos fervorosos que não deixam de cumprir com todos os deveres do seu culto, quando não são rejeitados pela Igreja, protestantes de todas as seitas, judeus, muçulmanos e até budistas e brâmanes.

Ele se assenta, portanto, sobre princípios independentes de qualquer questão dogmática. Suas consequências morais seguem um rumo igual ao do cristianismo, porque, entre todas, a doutrina cristã é a mais esclarecida e a mais pura, e é esta a razão porque, entre os adeptos de todas as seitas religiosas do mundo, os cristãos são os mais aptos a compreendê-lo na sua verdadeira essência. Alguém pode recriminá-lo por isso? Sem dúvida, cada qual pode fazer uma religião para si próprio a partir das suas opiniões, interpretar as religiões conhecidas a seu bel-prazer, mas daí a constituir uma igreja, há uma grande distância.

Padre – Mas, os senhores não fazem suas evocações segundo uma fórmula religiosa?

A. K. – Certamente, colocamos um sentimento religioso nas evocações e em nossas reuniões, mas não existem fórmulas sacramentais; para os espíritos, o pensamento é tudo e a forma, nada. Nós os evocamos em nome de Deus porque cremos em Deus e sabemos que nada se faz neste mundo sem sua permissão, e que, se Deus não o permitir, eles não virão; em nossos trabalhos procedemos com calma e recolhimento, porque esta é uma condição necessária para as observações, e, em segundo lugar, porque sabemos o respeito que se deve àqueles que não vivem mais na Terra, seja qual for a condição deles, feliz ou infeliz, no mundo dos espíritos; fazemos um apelo aos bons espíritos, porque, como sabemos que há bons e maus, não desejamos que estes últimos venham intrometer-se fraudulentamente nas comunicações que recebemos. Que prova tudo isso? Que não somos ateus, mas não significa que sejamos reformadores de alguma religião.

Padre – Pois bem! Que dizem os espíritos superiores no tocante à religião? Os bons têm por obrigação aconselhar-nos e guiar-nos. Suponhamos que eu não tenha religião alguma; que queira escolher uma. Se lhes perguntar se me aconselham a tornar-me católico, protestante, anglicano, quacre, judeu, maometano ou mórmon, que responderão eles?

A. K. – Nas religiões há dois pontos a considerar: os princípios gerais, comuns a todas, e os princípios específicos de cada uma. Os primeiros são aqueles de que falamos há pouco; estes, são proclamados por todos os espíritos, não importando qual seja a sua posição. Quanto aos segundos, os espíritos **vulgares**, sem serem maus, podem ter preferências, opiniões; podem preconizar esta ou aquela forma. Portanto, podem incentivar certas práticas, quer por convicção pessoal, quer por terem conservado as ideias da vida terrestre, quer por prudência, para não intimidar as consciências escrupulosas. Por exemplo, o senhor crê que um espírito esclarecido, fosse mesmo Fénelon, dirigindo-se a um muçulmano irá, desajeitadamente, dizer-lhe que Maomé é um impostor, e que ele será condenado às penas eternas se não se tornar cristão? Ele não fará isso, pois seria repelido.

Os espíritos superiores em geral, e quando não são solicitados por alguma consideração especial, não se preocupam com detalhes; limitam-se a dizer: Deus é bom e justo; ele só quer o bem; a melhor de todas as religiões é, pois, a que ensina somente o que é conforme à bondade e à justiça de Deus; que dá de Deus a maior, a mais sublime ideia, e não o rebaixa atribuindo-lhe as baixezas e as paixões da humanidade; que torna os homens bons e virtuosos e ensina-lhes a amar-se como irmãos; que condena todo mal feito ao próximo; que não admite a injustiça sob qualquer forma ou pretexto; que nada prescreve que contrarie as leis imutáveis da natureza, porque Deus não pode se contradizer; aquela cujos ministros dão o melhor exemplo de bondade, de caridade e de moralidade; aquela que mais procura combater o egoísmo e menos lisonjeia o orgulho e a vaidade dos homens; aquela, enfim, em nome da qual se comete menos mal, porque uma boa religião não pode servir de pretexto a mal algum: ela não deve deixar-lhe nenhuma porta aberta, nem diretamente, nem pela interpretação. Veja, julgue e escolha.

Padre – Supondo-se que certos pontos da doutrina católica sejam contestados pelos espíritos que o senhor considera superiores; supondo-se, mesmo, que esses pontos sejam errôneos; aquele para quem, com ou sem razão, esses pontos são artigos de fé e que, consequentemente, os põe em prática, tal crença poderá, segundo esses mesmos espíritos, ser-lhe prejudicial à salvação?

A. K. – Certamente, não, se não o desviar da prática do bem e se, ao contrário, o incitar a isso. Ao passo que a mais bem fundada das crenças o prejudicará, evidentemente, se for para ele um pretexto para fazer o mal e deixar de lado a caridade para com o próximo, se o tornar duro e egoísta, porque então ele não age segundo a lei de Deus, e Deus leva mais em consideração o pensamento do que os atos. Quem ousará afirmar o contrário?

O senhor acha, por exemplo, que a fé seria proveitosa a um homem que cresse plenamente em Deus, e que, em nome de Deus, cometesse atos desumanos ou contrários à caridade? Já que dispunha de mais meios para esclarecer-se, não será mais culpado ainda?

Padre – Sendo assim, o católico fervoroso, que cumpre escrupulosamente os deveres do seu culto, não é reprovado pelos espíritos?

A. K. – Não, se para ele é uma questão de consciência e se o faz com sinceridade; sim, mil vezes sim, se é por hipocrisia, e se nele só houver uma piedade aparente.

Os espíritos superiores, aqueles que têm por missão fazer a humanidade progredir, manifestam-se contra todos os abusos que possam retardar esse progresso, seja qual for a natureza deles e não importa quais sejam os indivíduos ou as classes da sociedade que deles se aproveitem. Ora, não se pode negar que a religião nem sempre esteve isenta de abusos. Se, entre seus ministros, há quem cumpra sua missão com devotamento perfeitamente cristão, que a engrandece e a torna bela e respeitável, o senhor há de convir que nem sempre todos compreenderam a santidade do seu ministério. Os espíritos combatem o mal onde quer que se encontre; apontar os abusos da religião é atacá-la? Ela não tem inimigos piores do que aqueles que defendem tais abusos, pois são eles que fazem nascer a ideia de que algo melhor pode substituí-la. Se a religião corresse um perigo qualquer, deveria responsabilizar os que dela dão uma falsa ideia, transformando-a numa arena de paixões humanas, e explorando-a em proveito da sua própria ambição.

Padre – O senhor afirma que o espiritismo não discute os dogmas, e, no entanto, ele admite certos pontos combatidos pela Igreja, como, por exemplo, a reencarnação, a presença do homem na Terra antes de Adão; nega, porém, a eternidade das penas, a existência dos demônios, o purgatório, o fogo do inferno.

A. K. – Há muito esses pontos vêm sendo discutidos, e não foi o espiritismo que começou a questioná-los. Existem várias opiniões, algumas das quais são até contestadas pela Teologia, e que só o futuro julgará. Um grande princípio as domina: a prática do bem, que é a lei suprema, a condição imprescindível para o nosso futuro, como no-lo prova o estado dos espíritos que se comunicam conosco. Enquanto não tiver certeza a respeito dessas questões, creia, se o desejar, nas chamas e nas torturas materiais, se essa crença pode impedi-lo de praticar o mal: isso não as tornará reais, se elas não existirem; acredite que temos apenas uma existência corporal, se lhe apraz: isso não o impedirá de renascer aqui, ou em outro lugar, mesmo contra sua vontade; acredite que o mundo foi totalmente criado em seis vezes vinte e quatro horas, se esta é a sua opinião: isso não impedirá que a Terra traga inscrita nas suas camadas geológicas a prova do contrário; acredite, se quiser, que Josué fez o Sol parar: isso não impedirá a Terra de girar; o senhor crê que o homem só está na Terra há 6.000 anos: isso não impedirá que os fatos lhe mostrem tal impossibilidade. E que diria o senhor se, um belo dia, a inexorável Geologia viesse provar, por vestígios evidentes, a anterioridade do homem, como já provou tantas outras coisas? Creia, pois, em tudo que lhe aprouver, mesmo no diabo, se essa crença pode torná-lo bom, humano e caridoso para com seus semelhantes. Como doutrina moral, o espiritismo só impõe uma coisa: a necessidade de fazer o bem e de não fazer mal algum. Trata-se de uma ciência de observação que, volto a repetir, tem consequências morais, consequências essas que são a confirmação e a prova dos grandes princípios da religião; quanto às questões secundárias, ele as deixa por conta da consciência de cada um.

Veja bem, reverendo, que, em princípio, o espiritismo não contesta alguns dos pontos de que acaba de falar. Se o senhor tivesse lido tudo que escrevi a esse respeito, teria visto que ele se limita a dar-lhes uma interpretação mais lógica e racional do que a que geralmente se lhes dá. É assim, por exemplo, que ele não nega o purgatório; ao contrário, demonstra-lhe a necessidade e a justiça; mais do que isso, ele o define. O inferno foi descrito como uma imensa fornalha, mas será assim que a alta Teologia o entende? Evidentemente, não; ela diz claramente que se trata de uma alegoria; que o fogo onde se é queimado é um fogo moral, símbolo das maiores dores.

Quanto à eternidade das penas, se fosse possível fazer uma votação para conhecer a opinião íntima de todos os homens em condições de raciocinar e compreender, mesmo entre os mais religiosos, veríamos de que lado a maioria está, porque a ideia de uma eternidade de suplícios é a negação da infinita misericórdia de Deus.

Eis, aliás, o que a doutrina espírita diz a respeito disso:

A duração do castigo está subordinada ao melhoramento do espírito culpado. Nenhuma condenação por tempo indeterminado é pronunciada contra ele. Tudo que Deus exige para pôr fim aos sofrimentos é o arrependimento, a expiação e a **reparação**, em suma, um melhoramento sério, efetivo, e um retorno sincero ao bem. O espírito é, portanto, o árbitro da sua própria sorte; pode prolongar seus sofrimentos por sua obstinação no mal, e minorá-los, ou abreviá-los, por seus esforços para fazer o bem.

Estando a duração da pena subordinada ao arrependimento, resulta daí que o espírito culpado que não se arrependesse e nunca se melhorasse continuaria sofrendo, e, para ele, a pena seria eterna. Deve-se, pois, entender a eternidade das penas num sentido relativo, e não no sentido absoluto.

Uma condição inerente à inferioridade dos espíritos é não verem o término da sua situação e crer que sofrerão para sempre, o que é para eles um castigo. Mas, desde que sua alma se abra ao arrependimento, Deus os faz entrever um raio de esperança.

Esta doutrina é, evidentemente, a mais conforme à justiça de Deus, que pune enquanto se persiste no mal, e perdoa quando se entra no bom caminho. Quem a imaginou? Fomos nós? Não, são os espíritos que a ensinam e provam pelos exemplos que diariamente nos apresentam.

Os espíritos não contestam, pois, as penas futuras, já que descrevem seus próprios sofrimentos; e esse quadro nos toca mais do que o das chamas perpétuas, porque tudo nele é perfeitamente lógico. Compreende-se que isso é possível, que deve ser assim, que essa situação é uma consequência natural das coisas; pode ser aceito pelo pensador filósofo, porque nada nele se opõe à razão. Eis por que as crenças espíritas reconduziram ao bem muitas pessoas, até mesmo materialistas, a quem o medo do inferno, tal como nos é pintado, não conseguia impressionar.

Padre – Admitindo seu raciocínio, o senhor não acha que as pessoas comuns precisam de imagens mais chocantes, em vez de uma filosofia que elas não podem compreender?

A. K. – Aí está um erro que levou mais de um ao materialismo, ou que, pelo menos, desviou mais de um homem da religião. Chega uma hora em que essas imagens não impressionam mais, e então as pessoas que não estudam a fundo a religião, rejeitando-lhe uma parte, rejeitam o todo, porque dizem consigo mesmas: Se me ensinaram como uma verdade incontestável um ponto que é falso, se, como realidade, me apresentaram uma imagem, uma alegoria, quem me garante que o resto seja mais verdadeiro? Se, ao contrário, ao ampliar-se, o raciocínio nada rejeita, a fé se fortalece. A religião só tem a ganhar acompanhando a evolução das ideias; se um dia, por acaso, ela estivesse em risco, é porque os homens teriam avançado e ela teria ficado para trás. Crer que hoje se pode conduzir os homens pelo medo do demônio e das torturas eternas, é iludir-se.

Padre – Na verdade, hoje a Igreja reconhece que o inferno material é uma alegoria, mas isso não exclui a existência dos demônios; sem eles, como explicar a influência do mal, que não pode provir de Deus?

A. K. – O espiritismo não admite os demônios no sentido comum da palavra. Admite, porém, os maus espíritos, que não são melhores do que eles, e que igualmente fazem o mal, suscitando maus pensamentos; diz apenas que esses espíritos não são seres à parte, criados para o mal e perpetuamente votados a ele, uma espécie de párias da criação e carrascos do gênero humano; são seres atrasados, ainda imperfeitos, mas aos quais Deus reserva o futuro. Nisso o espiritismo está de acordo com a Igreja católica, que admite a conversão de Satã, numa alusão ao melhoramento dos maus espíritos. Observe, também, que a palavra **demônio** só envolve a ideia de mau espírito devido à acepção que lhe foi atribuída modernamente, porque a palavra grega **daimôn** significa **gênio, inteligência**. Ora, admitir a comunicação de maus espíritos, é reconhecer, em princípio, a realidade das manifestações. É preciso saber se eles são os únicos que se comunicam, como afirma a Igreja para justificar a proibição, que faz, de comunicar-se com os espíritos. Aqui, nós invocamos o raciocínio e os fatos. Se espíritos, sejam eles quais forem, se comunicam, só pode ser com a permissão de Deus; como é possível compreender que ele só o permitisse aos maus, deixando-lhes total liberdade para vir enganar os homens, enquanto proibisse os bons de vir fazer-lhes contrapeso e de neutralizar suas perniciosas doutrinas? Crer que é assim, não seria contestar seu poder e sua bondade, e fazer de Satã um rival da Divindade? A Bíblia, o Evangelho, os Padres da Igreja reconhecem perfeitamente a possibilidade de comunicar-se com o mundo invisível, e os bons não estão excluídos desse mundo; por que, então, seriam hoje excluídos. Aliás, ao admitir a autenticidade de algumas aparições e comunicações de santos, a Igreja, com isso, afasta a ideia de só podermos relacionar-nos com os maus espíritos. Certamente, quando as comunicações só contêm coisas boas, quando nelas nos pregam apenas a mais pura e sublime moral evangélica, a abnegação, o desprendimento e o amor ao próximo; quando combatem o mal, qualquer que seja a aparência sob a qual se disfarce, será racional crer que o espírito maligno venha assim executar sua tarefa?

Padre – O Evangelho nos ensina que o anjo das trevas, ou Satã, se transforma em anjo de luz para seduzir os homens.

A. K. – Segundo o espiritismo e a opinião de muitos filósofos cristãos, Satã não é um ser real; é a personificação do Mal, como outrora Saturno era a personificação do tempo. A Igreja toma ao pé da letra essa figura alegórica; é uma questão de opinião, que não discutirei. Admitamos, por um instante, que Satã seja um ser real; de tanto exagerar-lhe o poder, a fim de assustar, a Igreja chega a um resultado totalmente contrário, isto é, à destruição, não apenas do medo, mas também da crença em tal criatura, segundo o provérbio: "Quem muito quer provar, nada prova". Ela o representa como eminentemente astuto, sagaz e ardiloso, e, na questão do espiritismo, fá-lo representar o papel de tolo desajeitado.

Uma vez que o propósito de Satã é alimentar o inferno com suas vítimas e arrebatar almas de Deus, compreende-se que se dirija àqueles que estão no bem para induzi-los ao mal, e que para tanto se transfome, segundo uma belíssima alegoria, em anjo de luz, isto é, que hipocritamente simule ser virtuoso; mas, o que não se pode compreender é que deixe escapar aqueles que já estavam em suas garras.

Os que não creem em Deus, nem na própria alma, que desprezam a prece e estão mergulhados no vício, pertencem-lhe, na medida em que isso seja possível; nada mais precisa fazer para afundá-los ainda mais no lodaçal; ora, incitá-los a voltar para Deus, a orar, a submeter-se à sua vontade, encorajá-los a renunciar ao mal, mostrando-lhes a felicidade dos eleitos e a triste sorte que aguarda os maus, seria atitude de um simplório, mais estúpida do que dar liberdade a pássaros engaiolados, pensando em apanhá-los de novo logo depois.

Na doutrina da comunicação exclusiva dos demônios há, pois, uma contradição que impressiona qualquer homem sensato; eis por que jamais se persuadirá alguém de que os espíritos que reconduzem a Deus os que o renegavam, ao bem os que praticavam o mal, que consolam os aflitos, que dão força e coragem aos fracos; que, pela sublimidade dos seus ensinamentos, elevam a alma acima da vida material, sejam cúmplices de Satã, e que, por este motivo, deve-se evitar todo contato com o mundo invisível.

Padre – Se a Igreja proíbe as comunicações com os espíritos dos mortos, é porque elas são contrárias à religião, como sendo formalmente condenadas pelo Evangelho e por Moisés. Este último, ao pronunciar a pena de morte contra essas práticas, prova quanto elas são repreensíveis aos olhos de Deus.

A. K. – Peço que me perdoe, mas essa proibição não está em parte alguma do Evangelho; encontra-se somente na lei mosaica. Trata-se, pois, de saber se a Igreja coloca a lei mosaica acima da lei evangélica, ou melhor, se ela é mais judaica do que cristã. Deve-se mesmo observar que, de todas as religiões, a que faz menos oposição ao espiritismo é a judaica, e que ela não invocou contra as evocações a lei de Moisés, nas quais se apoiam as seitas cristãs. Se as prescrições bíblicas são o código da fé cristã, por que proibir a leitura da Bíblia? Que diriam caso se proibisse um cidadão de estudar o código das leis do seu país?

A proibição feita por Moisés tinha então sua razão de ser, porque o legislador hebreu queria que seu povo rompesse com todos os hábitos adquiridos entre os egípcios, e porque aquele de que aqui se trata era objeto de abusos. Não se evocavam os mortos por respeito e afeição para com eles, nem com sentimento de piedade; este era um meio de adivinhação, objeto de um comércio vergonhoso, explorado pelo charlatanismo e pela superstição; portanto, Moisés teve razão ao proibi-lo. Se decretou contra esse abuso uma penalidade severa, é porque havia necessidade de meios rigorosos para governar aquele povo indisciplinado; por isso a pena de morte era usual na sua legislação. Há quem, erradamente, se apoie na severidade do castigo para provar o grau de culpabilidade da evocação dos mortos.

Se a proibição de evocar os mortos provém do próprio Deus,

como o pretende a Igreja, deve ter sido Deus quem estabeleceu a pena de morte contra os delinquentes. Essa pena, portanto, tem uma origem tão sagrada quanto a proibição; por que não tê-la mantido? Moisés promulgou todas as suas leis em nome de Deus e por ordem dele. Se acreditam que Deus seja o autor delas, por que não são mais observadas? Se para a Igreja a lei de Moisés é um artigo de fé sobre um determinado ponto, por que não o é sobre todos os outros? Por que recorrer a ela naquilo de que se tem necessidade e rejeitá-la no que não convém? Por que não seguir-lhe todas as prescrições, a da circuncisão, entre outras, a que Jesus se submeteu e que não aboliu?

Havia na lei mosaica duas partes: 1ª., a lei de Deus, resumida nas tábuas do Sinai, e que permaneceu, porque é divina, e o Cristo apenas a desenvolveu; 2ª., a lei civil ou disciplinar, adequada aos costumes da época, e que o Cristo aboliu.

Hoje as circunstâncias não são mais as mesmas, e a proibição de Moisés já não tem razão de ser. Aliás, se a Igreja proíbe a evocação dos espíritos, será que pode impedi-los de vir sem serem chamados? Não se veem todos os dias pessoas que nunca se ocuparam com o espiritismo obterem manifestações de todos os gêneros, e também não se viam muito antes que se falasse nele?

Outra contradição: se Moisés proibiu evocar os espíritos dos mortos, então é porque esses espíritos podem vir, caso contrário sua proibição seria desnecessária. Se no tempo de Moisés eles podiam vir, ainda hoje o podem, e, se são os espíritos dos mortos, não são exclusivamente demônios. Antes de mais nada, deve-se ser lógico.

Padre – A Igreja não nega que bons espíritos possam comunicar-se, já que reconhece que os santos tiveram revelações; mas ela não pode considerar bons os que venham contradizer-lhe os princípios imutáveis. Os espíritos ensinam que há penas e recompensas futuras, mas não ensinam como ela; só ela pode julgar-lhes os ensinamentos e distinguir os bons dos maus.

A. K. – Eis a grande questão. Galileu foi acusado de heresia e de ser inspirado pelo demônio, porque vinha revelar uma lei da natureza, provando o erro de uma crença que era considerada inatacável; foi condenado e excomungado. Se os espíritos houvessem, sobre todos os pontos, afluído no sentido exclusivo da Igreja, se não tivessem proclamado a liberdade de consciência e condenado certos abusos, teriam sido bem-vindos e não teriam sido chamados de demônios.

Tal é também a razão pela qual todas as religiões, os muçulmanos assim como os católicos, crendo-se na posse exclusiva da verdade absoluta, consideram obra do demônio qualquer doutrina que não seja inteiramente ortodoxa segundo seu próprio ponto de vista. Ora, os espíritos vêm, não para derrubar a religião, mas, como Galileu, revelar novas leis da natureza. Se alguns pontos de fé sofrem com isso, é porque, como a crença a respeito do movimento do Sol, eles estão em contradição com essas leis. A questão é saber se um artigo de fé pode anular uma lei da natureza, que é obra de Deus; e se, uma vez reconhecida essa lei, não é mais sensato interpretar o dogma segundo o sentido da lei, em vez de atribuí-la ao demônio.

Padre – Não insistamos na questão dos demônios; sei que ela é interpretada diversamente pelos teólogos; mas o sistema da reencarnação parece-me mais difícil de conciliar com os dogmas, pois nada mais é do que a metempsicose de Pitágoras reformulada.

A. K. – Este não é o momento para discutir uma questão que exigiria longos desdobramentos; o senhor a encontrará tratada em *O Livro dos Espíritos* e em *O Evangelho Segundo o Espiritismo*. (Ver *O Livro dos Espíritos*, perg. 166 e seg., 222, 1010; *O Evangelho Segundo o Espiritismo*, caps. IV e V.) Portanto, direi apenas duas palavras.

A metempsicose dos antigos consistia na transmigração da alma do homem para os animais, o que implicava uma degradação. Além disso, essa doutrina não era o que comumente se crê. A transmigração para os animais não era considerada uma condição inerente à natureza da alma humana, mas um castigo temporário; era assim que as almas dos assassinos passavam para o corpo de animais ferozes, para aí receber sua punição; as dos despudorados iam para os porcos e os javalis; as dos volúveis e levianos, para as aves; as dos preguiçosos e ignorantes, para os animais aquáticos. Milhares de anos depois, mais ou menos, segundo a culpabilidade, saindo dessa espécie de prisão, a alma voltava à humanidade. Portanto, a encarnação animal não era uma condição absoluta, e, como se vê, aliava-se à reencarnação humana, e a prova disso é que a punição dos homens tímidos consistia em passar para o corpo de mulheres expostas ao desprezo e aos insultos. (Ver Pezzani, *A Pluralidade das Existências da Alma.*) Era uma espécie de espantalho para os simples, muito mais do que um artigo de fé para os filósofos. Tal como se diz às crianças: "Se não se comportarem, o lobo comerá vocês", os antigos diziam aos criminosos: "O diabo vai agarrar vocês e levá-los para o inerno".

A pluralidade das existências, segundo o espiritismo, difere essencialmente da metempsicose, por não admitir a encarnação da alma em animais, mesmo como punição. Os espíritos ensinam que a alma não regride, mas progride sem cessar. Suas diferentes existências corpóreas se cumprem na humanidade; para ela cada existência é um passo adiante no caminho do progresso intelectual e moral, o que é bem diferente da metempsicose. Não podendo adquirir um desenvolvimento completo numa só existência, muitas vezes abreviada por causas acidentais, Deus lhe permite continuar, numa nova encarnação, a tarefa que não conseguiu concluir, ou recomeçar a que deixou mal feita. A expiação, na vida corporal, consiste nas tribulações que nela se suporta.

Quanto à questão de saber se a pluralidade das existências é ou não contrária a certos dogmas da Igreja, limitar-me-ei a dizer o seguinte:

De duas coisas uma; ou a reencarnação existe, ou não existe; se existe, é porque está nas leis da natureza. Para provar que não existe, seria preciso provar que ela é contrária, não aos dogmas, mas a essas leis, e que se conseguiu encontrar uma outra que explica melhor e mais logicamente as questões que só uma pode resolver.

Além disso, é fácil demonstrar que certos dogmas encontram nela uma sanção racional, que faz com que sejam aceitos por aqueles que os rejeitavam por não compreendê-los. Não se trata, pois, de destruir, mas de interpretar; é o que, pela força das coisas, acontecerá mais tarde. Quem não quiser aceitar a interpretação, terá total liberdade, como hoje a tem para acreditar que é o Sol que gira. A ideia da pluralidade das existências se propaga com espantosa rapidez, devido à sua extraordinária lógica e à sua conformidade com a justiça de Deus. Quando ela for reconhecida como verdade natural e aceita por todos, que fará a Igreja?

Em resumo, a reencarnação não é, em absoluto, um sistema imaginado para atender às necessidades de uma causa, nem uma opinião pessoal; ela é um fato, ou não é. **Se está demonstrado que certos fenômenos que se apresentam são materialmente impossíveis sem a reencarnação, deve-se admitir que são resultado da reencarnação**; portanto, se ela está na natureza, não poderia ser anulada por uma opinião contrária.

Padre – Quem não crê no espiritismo e nas suas manifestações será, segundo o espiritismo, menos aquinhoado na vida futura?

A. K. – Se esta crença fosse indispensável à salvação dos homens, que aconteceria com aqueles que, desde que o mundo existe, não tiveram oportunidade de adquiri-la, e dos que, por muito tempo ainda, morrerão sem tê-la? Deus pode fechar-lhes a porta do futuro? Não; os espíritos que nos instruem são mais lógicos; eles nos dizem: Deus é supremamente justo e bom, não faz a sorte futura do homem depender de condições alheias à sua vontade; Eles não dizem: **Fora do espiritismo não há salvação**, mas, como o Cristo, dizem: *Fora da caridade não há salvação.*

Padre – Então, permita-me dizer-lhe que, uma vez que os espíritos só ensinam os princípios da moral que encontramos no Evangelho, não vejo qual possa ser a utilidade do espiritismo, já que antes dele podíamos cuidar da nossa salvação, e continuaremos a fazê-lo sem ele. Não seria assim se os espíritos viessem ensinar algumas grandes verdades novas, alguns desses princípios que mudam a face do mundo, como fez o Cristo. Ao menos o Cristo era só, sua doutrina era única, ao passo que há milhares de espíritos que se contradizem; uns dizem que uma coisa é branca, outros dizem que é preta; donde se conclui que, desde o início, seus adeptos formam muitas seitas. Não seria melhor deixar os espíritos em paz, e ater-nos ao que temos?

A. K. – O senhor se engana, reverendo, ao não se afastar do seu ponto de vista, e ao tomar a Igreja como único critério dos conhecimentos humanos. Se o Cristo disse a verdade, o espiritismo não podia dizer outra coisa, e em vez de apedrejá-lo, dever-se-ia acolhê-lo como um poderoso auxiliar que vem confirmar, por todas as vozes de além-túmulo, as verdades fundamentais da religião atacadas pela incredulidade. Que o materialismo o combata, até se compreende, mas que a Igreja se una ao materialismo contra ele, é menos concebível. O que também é incoerente é o fato de ela considerar demoníaco um ensinamento que se apoia na mesma autoridade e que proclama a missão divina do fundador do cristianismo.

Mas, Cristo disse tudo? Será que podia revelar tudo? Não, pois ele mesmo disse: "Ainda teria muitas coisas a dizer-vos, mas não as compreenderíeis, eis por que vos falo em parábolas". O espiritismo vem, hoje que o homem está maduro para compreendê-lo, completar e explicar o que o Cristo, propositadamente, apenas tocou por alto, ou só disse de uma forma alegórica. O senhor dirá, sem dúvida, que a responsabilidade dessa explicação cabia à Igreja. Mas, a qual delas? À Igreja romana, à grega ou à protestante? Como entre elas não há unanimidade, cada qual teria explicado segundo seu ponto de vista e reivindicaria o privilégio da explicação. Qual delas conseguir reunir todos os cultos dissidentes? Deus, que é sábio, prevendo que os homens agregariam a ela suas paixões e seus preconceitos, não quis confiar-lhes a responsabilidade desta nova revelação; encarregou disso os espíritos, seus mensageiros, que a proclamaram em todos os pontos do globo, e isso fora de qualquer culto particular, para que nenhum a deturpe em proveito próprio.

Por outro lado, será que os diversos cultos cristãos em nada se afastaram do rumo traçado pelo Cristo? Seus preceitos de moral são escrupulosamente observados? Não lhe desvirtuaram as palavras, para transformá-las num apoio à ambição e às paixões humanas, quando tais palavras as condenam? Ora, pela palavra dos espíritos, enviados de Deus, o espiritismo vem chamar de volta à estrita observância de seus preceitos aqueles que deles se afastam; será o principal motivo que faz com que seja considerado obra satânica?

É sem razão que o senhor dá o nome **seitas** a algumas divergências de opinião relativas aos fenômenos espíritas. Não é de admirar que no começo de uma ciência, quando para muitos as observações ainda eram incompletas, tenham surgido teorias contraditórias; essas teorias, porém, baseiam-se em questões de detalhes e não no princípio fundamental. Elas podem constituir **escolas** que explicam certos fatos a seu modo, mas não seitas, como também não o são os diferentes sistemas que dividem nossos sábios quanto às ciências exatas: em Medicina, em Física etc. Risque, pois, a palavra **seita**, que é totalmente imprópria neste caso. Aliás, desde seus primórdios, o próprio cristianismo não deu origem a uma porção de seitas? Por que a palavra do Cristo não teve força suficiente para impor silêncio a todas as controvérsias? Por que ela é passível de interpretações que ainda hoje dividem os cristãos em diferentes Igrejas que pretendem, todas, ser as únicas detentoras da verdade necessária à salvação, que se detestam cordialmente e se condenam mutuamente em nome do seu divino Mestre, que só pregou o amor ea caridade? A fraqueza dos homens, dirá o senhor. Concordo. Por que, então, se há de querer que o espiritismo vença subitamente essa fraqueza e transforme a humanidade como se por encanto?

Passemos à questão da utilidade. O senhor diz que o espiritismo nada nos ensina de novo; é um erro: ele ensina muito a quem não se detém na superfície. Se apenas se houvesse limitado a substituir a máxima: **Fora da Igreja não há salvação**, que divide os homens, por esta: ***Fora da caridade não há salvação,*** ele teria marcado uma nova era da humanidade.

O senhor diz que se poderia passar sem ele; concordo, como se poderia dispensar muitas das descobertas científicas. Os homens igualmente viviam bem antes da descoberta de todos os novos planetas; antes que se tivessem calculado os eclipses; antes que se conhecesse o mundo microscópico e cem outras coisas mais; para viver e fazer germinar seu trigo, o camponês não precisa saber o que é um cometa, e no entanto ninguém nega que todas essas coisas ampliam o círculo das ideias e nos permitem compreender melhor as leis da natureza. Ora, o mundo dos espíritos é uma dessas leis que o espiritismo nos revela; ele nos instrui sobre a influência que aquele mundo exerce sobre o mundo corpóreo. Suponhamos que sua utilidade se limitasse a isso, a revelação de tal energia já não seria muito?

Vejamos, agora, sua influência moral. Admitamos que absolutamente nada de novo ensine a este respeito; qual é o maior inimigo da religião? O materialismo, porque o materialista em nada crê; ora, o espiritismo é a negação do materialismo, que não tem mais razão de ser. Não é mais pelo raciocínio, pela fé cega que se diz ao materialista que nem tudo se acaba com seu corpo; é pelos fatos que lhe são mostrados e que ele pode ver claramente. Não será isto um pequeno serviço que o espiritismo presta à humanidade, à religião? Mas, não é tudo: a certeza da vida futura, o quadro vivo daqueles que nela nos precederam, mostram a necessidade do bem e as consequências inevitáveis do mal. Eis por que, sem ser ele próprio uma religião, o espiritismo conduz essencialmente às ideias religiosas; desenvolve-as naqueles que não as possuem, fortalece-as naqueles que as têm vacilantes. Nele, portanto, a religião encontra um apoio, não para as pessoas de vista acanhada, que a veem integralmente na doutrina do fogo eterno, mais na letra do que no espírito, mas para quem a vê segundo a grandeza e a majestade de Deus.

Em resumo, o espiritismo engrandece e eleva as ideias; combate os abusos gerados pelo egoísmo, pela cobiça, pela ambição; mas quem ousará defendê-los e declarar-se paladino deles? Se o espiritismo não é indispensável à salvação, ele a facilita, firmando-nos no caminho do bem. Além do mais, que homem sensato se atreveria a afirmar que, aos olhos de Deus, a falta de ortodoxia é mais repreensível do que o ateísmo e o materialismo? Dirijo, explicitamente a todos quantos combatem o espiritismo no tocante às consequências religiosas, as seguintes perguntas:

1ª Entre um que em nada crê, e outro que, embora crendo nas verdades gerais, não admite certas partes dogmáticas, quem será menos aquinhoado na vida futura?

2ª O protestante e o cismático serão incluídos com o ateu e o materialista na mesma reprovação?

3ª Aquele que não é exatamente ortodoxo, mas faz o bem que lhe é possível, é bom e indulgente para com seu próximo, leal em suas relações sociais, tem menos garantia de salvação do que aquele que crê em tudo, mas é duro, egoísta e não sabe o que é caridade?

4ª Aos olhos de Deus, que vale mais: a prática das virtudes cristãs sem a dos deveres da ortodoxia, ou a prática destes últimos sem a da moral?

Respondi, reverendo, às perguntas e objeções que o senhor me dirigiu, mas, como lhe disse no início, sem qualquer intenção preconcebida de conduzi-lo às nossas ideias e de mudar suas convicções, limitando-me a fazê-lo encarar o espiritismo sob seu verdadeiro aspecto. Se o senhor não tivesse vindo, eu não teria ido procurá-lo. Isso não significa que desprezaríamos sua adesão aos nossos princípios, caso ela viesse a ocorrer; longe disso; ao contrário, ficamos felizes com todas as aquisições que fazemos e que têm para nós maior valor quando são livres e espontâneas. Não só não temos o direito de exercer qualquer coação sobre quem quer que seja, como nos recusaríamos a ir perturbar a consciência dos que, tendo crenças que os satisfaçam, não venham a nós espontaneamente.

Dissemos que o melhor meio de esclarecer-se sobre o espiritismo é estudar-lhe previamente a teoria; os fatos virão a seguir, naturalmente, e serão compreendidos, seja qual for a ordem em que forem apresentados pelas circunstâncias. Nossas publicações são feitas com o propósito de facilitar esse estudo; eis, para tanto, a ordem que aconselhamos:

A primeira leitura a fazer é a deste resumo, que apresenta o conjunto e os pontos mais relevantes da ciência; com isso já se pode fazer uma ideia e convencer-se de que no fundo há algo de sério. Nesta rápida exposição, empenhamo-nos por indicar os pontos em que a atenção do observador deve fixar-se de mdo particular. A ignorância dos princípios fundamentais é a causa das apreciações errôneas da maioria daqueles que julgam o que não compreendem, ou o fazem segundo suas ideias preconcebidas.

Se este primeiro apanhado despertar o desejo de saber mais, deve-se ler *O Livro dos Espíritos*, onde os princípios da doutrina estão perfeitamente explicados; depois, *O Livro dos Médiuns*, para a parte experimental, destinada a servir de guia aos que desejarem operar pessoalmente, bem como aos que quiserem entender os fenômenos. Vêm, a seguir, as diversas obras onde estão expostas as aplicações e as consequências da doutrina, tais como: *O Evangelho Segundo o Espiritismo*, *O Céu e o Inferno* etc.

A *Revista Espírita* é, de certo modo, um curso de aplicação, pelos numerosos exemplos e pelos desdobramentos que contém, tanto sobre a parte teórica como sobre a experimental.

Às pessoas sérias, que fizeram um estudo preliminar, teremos prazer em dar verbalmente as explicações necessárias sobre os pontos que não houverem compreendido completamente.

Capítulo II

Noções elementares do espiritismo

• Observações preliminares • Dos espíritos • Comunicações com o mundo invisível • Intuito providencial das manifestações espíritas • Dos médiuns • Riscos para os médiuns • Qualidades dos médiuns • Charlatanismo • Identidade dos espíritos • Contradições • Consequências do espiritismo

Observações preliminares

1. É um erro crer que baste, a certos incrédulos, ver alguns fenômenos extraordinários para se convencerem. Quem não admite alma, ou espírito, no homem, não pode admiti-la fora do homem; consequentemente, ao negar a causa, negam também o efeito. Assim, eles quase sempre se aproximam com uma ideia preconcebida e uma disposição prévia para a contestação que os desviam de uma observação séria e imparcial; fazem perguntas e apresentam objeções a que é impossível responder imediatamente de maneira completa, porque, para cada pessoa, seria preciso dar uma espécie de aula e retomar as coisas desde o início. O estudo prévio tem por resultado responder antecipadamente às objeções que, em sua maioria, são motivadas pela ignorância da causa dos fenômenos e das condições em que eles se produzem.

2. Quem não conhece o espiritismo, imagina que se possa produzir fenômenos espíritas como se fazem experiências de Física e de Química. Daí a pretensão de submetê-los à sua vontade, e sua recusa em colocar-se nas condições necessárias para a observação. Não admitindo, em princípio, a existência e a intervenção dos espíritos, ou, pelo menos, não lhes conhecendo a natureza, nem seu modo de atuação, pessoas assim agem como se estivessem lidando com a matéria bruta; e, por não obterem o que pedem, concluem que não existem espíritos.

Colocando-nos num outro ponto de vista, compreendemos que, sendo os espíritos as almas dos mortos, depois da morte nós próprios seremos espíritos, e estaríamos pouco dispostos a servir de joguete para satisfazer aos caprichos dos curiosos.

3. Embora certos fenômenos possam ser provocados, pelo fato de provirem de inteligências livres, eles jamais estão irrestritamente à disposição de quem quer que seja, e quem se declarasse capaz de obtê-los à vontade, provaria ou ignorância, ou má-fé. É preciso aguardá-los, captá-los de passagem, e muitas vezes é quando menos se espera que se apresentam os fatos mais interessantes e concludentes. Quem quiser instruir-se seriamente deve, pois, nisto como em todas as coisas, ter paciência e perseverança, e fazer o que é necessário, caso contrário, é preferível não ocupar-se com o assunto.

4. As reuniões voltadas para as manifestações espíritas nem sempre estão nas condições ideais, quer para obter resultados satisfatórios, quer para induzir ao convencimento; há até algumas, deve-se convir, de onde os incrédulos saem menos convencidos do que quando entraram, contrapondo, aos que lhes falam do caráter sério do espiritismo, as coisas muitas vezes ridículas de que foram testemunhas. Eles são tão lógicos quanto alguém que avaliasse uma arte pelos esboços de um aprendiz, que opinasse sobre uma pessoa a partir da sua caricatura, ou sobre uma tragédia a partir da sua paródia. O espiritismo também tem seus aprendizes, e quem quer esclarecer-se não busca informações numa única fonte; é só pelo exame e pela comparação que pode firmar um juízo.

5. As reuniões frívolas têm um grave inconveniente para os principiantes que a elas assistem, por dar-lhes uma ideia errada do caráter do espiritismo. Os que só assistiram a reuniões dessa espécie, não poderiam levar a sério uma coisa que só veem ser tratada com leviandade pelos mesmos que se intitulam seus adeptos. Um estudo preliminar lhes ensinará a ponderar o alcance do que veem e a separar o bom do mau.

6. O mesmo se aplica aos que julgam o espiritismo baseados em certas obras excêntricas que podem apenas dar-lhes uma ideia incompleta e ridícula. O espiritismo sério é tão responsável por aqueles que o compreendem mal ou o praticam disparatadamente, quanto a poesia é responsável pelos que fazem maus versos. É lamentável, diz-se, que tais obras existam, pois elas prejudicam a verdadeira ciência. Sem dúvida, seria preferível que só as houvesse boas; o erro maior, porém, é dos que não se dão ao trabalho de estudar tudo. Aliás, todas as artes, todas as ciências, estão no mesmo caso; não se veem, sobre as coisas mais sérias, tratados absurdos e cheios de erros? Por que o espiritismo seria privilegiado, quanto a isso, principalmente no seu começo? Se os que o criticam não o julgassem pelas aparências, saberiam o que ele admite e o que ele rejeita, e não o responsabilizariam por coisas que ele repudia em nome da razão e da experiência.

Dos espíritos

7. Os espíritos não são, como frequentemente se imagina, seres à parte na criação; são as almas daqueles que viveram na Terra, ou em outros mundos, despidas do seu invólucro corporal. Todo aquele que admite que a alma sobrevive ao corpo, admite, por isso mesmo, a existência dos espíritos; negar os espíritos seria negar a alma.

8. Em geral, faz-se uma ideia muito errada a respeito do estado dos espíritos; eles não são, como o creem alguns, seres vagos e indefinidos, nem clarões, como os fogo-fátuos, nem fantasmas como no-los descrevem as histórias de assombrações. São seres semelhantes a nós, tendo um corpo como nós, mas fluídico e invisível no estado normal.

9. Quando a alma está unida ao corpo durante a vida, ela tem um duplo invólucro: um pesado, grosseiro e destrutível, que é o corpo; o outro, fluídico, sutil e indestrutível, chamado **perispírito**.

10. No homem há, pois, três coisas essenciais: 1º a **alma**, ou **espírito**, princípio inteligente em que residem o pensamento, a vontade e o senso moral; 2º o **corpo**, invólucro material que põe o homem em conexão com o mundo exterior; 3º o **perispírito**, invólucro fluídico, tênue, imponderável, que serve de ligação e de intermediário entre o espírito e o corpo.

11. Quando o invólucro exterior está gasto e não pode mais funcionar, ele sucumbe e o espírito se livra dele, como o fruto se despoja da sua casca dura, a árvore do seu córtex, a serpente da sua pele, em suma, como se despe uma roupa velha imprestável: é o que se chama **morte**.

12. A morte é apenas a destruição do invólucro material; a alma o abandona como a borboleta abandona sua crisálida, conservando, porém, seu corpo fluídico, ou perispírito.

13. A morte do corpo livra o espírito do invólucro que o prendia à Terra e o fazia sofrer; uma vez livre desse fardo, só lhe resta seu corpo etéreo, que lhe permite percorrer o espaço e transpor as distâncias com a rapidez do pensamento.

14. A união da alma, do perispírito e do corpo material constitui o **homem**; a alma e o perispírito separados do corpo constituem o ser chamado **espírito**.

Observação: A *alma* é, portanto, um ser simples; o *espírito*, um ser duplo, e o *homem*, um ser triplo. Seria, pois, mais exato reservar a palavra *alma* para designar o princípio inteligente, e a palavra *espírito* para o ser semimaterial formado desse princípio e do corpo fluídico. Como, porém, não se pode conceber o princípio inteligente isolado de toda matéria, nem o perispírito sem ser animado pelo princípio inteligente, os termos *alma* e *espírito* são habitualmente empregados um pelo outro, indiferentemente; é a figura que consiste em tomar a parte pelo todo, do mesmo modo que se diz de uma cidade que ela é povoada por tantas almas, de uma vila que ela se compõe de tantas casas; filosoficamente, porém, é essencial estabelecer a diferença entre eles.

15. Os espíritos revestidos de corpos materiais constituem a humanidade, ou mundo corporal visível; despojados desses corpos, constituem o mundo espiritual, ou mundo invisível, que povoa o espaço e no meio do qual vivemos, sem disso suspeitar, como vivemos no mundo dos infinitamente pequenos de que não suspeitávamos antes da invenção do microscópio.

16. Portanto, os espíritos não são seres abstratos, vagos e indefinidos, mas seres concretos e circunscritos, aos quais só falta serem visíveis para assemelhar-se aos humanos, donde se conclui que se, em dado momento, o véu que os esconde de nós pudesse ser levantado, eles formariam toda uma população ao redor de nós.

17. Os espíritos têm todas as percepções que possuíam na Terra, mas em grau mais elevado, porque suas faculdades não estão amortecidas pela matéria; eles têm sensações desconhecidas para nós; veem e ouvem coisas que nossos sentidos limitados não nos permitem ver, nem ouvir. Para eles não existe escuridão, exceto para aqueles cuja punição é estar temporariamente nas trevas. Todos os nossos pensamentos repercutem neles, e eles os leem como num livro aberto; de modo que o que podíamos esconder de alguém quando vivia, não mais o podemos depois que é espírito. (***O Livro dos Espíritos***, no. 237.)

18. Os espíritos estão por toda parte: ao nosso lado, esbarrando em nós e observando-nos sem cessar. Por sua presença incessante no meio de nós, os espíritos são os agentes de diversos fenômenos; eles desempenham um papel importante no mundo moral, e, até certo ponto, no mundo físico; constituem, assim, uma das energias da natureza.

19. A partir do momento que se admite a sobrevivência da alma, ou espírito, é racional admitir a sobrevivência dos afetos; sem isso, as almas dos nossos parentes e dos nossos amigos estariam para sempre perdidas para nós.

Uma vez que os espíritos podem ir a toda parte, é igualmente racional admitir que aqueles que nos amaram durante sua vida terrena continuem a amar-nos depois da morte, que venham para junto de nós, que desejem comunicar-se conosco e que, para isso, se sirvam dos meios que têm ao seu dispor; é o que a experiência confirma.

A experiência prova que, realmente, os espíritos conservam os afetos sérios que tinham na Terra, que sentem satisfação em voltar para perto daqueles que amaram, principalmente quando são atraídos para cá pelo pensamento e pelos sentimentos afetuosos que lhes dirigem, ao passo que ficam indiferentes com relação a quem só tem por eles indiferença.

20. O espiritismo tem por objeto a constatação e o estudo da manifestação dos espíritos, das suas faculdades, da sua situação feliz, ou infeliz, e do seu futuro; em resumo, o conhecimento do mundo espiritual. Sendo averiguadas, essas manifestações têm por resultado a prova irrecusável da existência da alma, da sua sobrevivência ao corpo, da sua individualidade depois da morte, isto é, da vida futura; por isso mesmo, é a negação das doutrinas materialistas, não mais por raciocínios, mas por fatos.

21. Uma ideia quase generalizada entre as pessoas que não conhecem o espiritismo é a de crer que os espíritos, pelo simples fato de estarem desprendidos da matéria, devem saber tudo e serem detentores da suprema sabedoria. Eis aí um grave erro.

Sendo os espíritos apenas as almas dos homens, estas não adquiriram a perfeição ao deixar seu invólucro terrestre. O progresso do espírito só se realiza com o tempo, e só progressivamente ele se despoja das suas imperfeições, adquire os conhecimentos que lhe faltam. Seria tão ilógico admitir que o espírito de um selvagem ou de um criminoso se torne de repente sábio e virtuoso, como seria contrário à justiça de Deus pensar que ele ficará perpetuamente na sua inferioridade.

Como há homens de todos os níveis de saber e de ignorância, de bondade e de maldade, o mesmo acontece com os espíritos. Alguns há que são levianos e travessos, outros são mentirosos, trapaceiros, hipócritas, maus, vingativos; outros, ao contrário, possuem as mais sublimes virtudes e saber em grau desconhecido na Terra. Essa diversidade na qualidade dos espíritos é um dos pontos mais importantes a considerar, porque ela explica a natureza, boa ou má, das comunicações que se recebem; é em distingui-las que devemos, acima de tudo, empenhar-nos. (***O Livro dos Espíritos***, perg. 100, "Escala Espírita". ***O Livro dos Médiuns***, capítulo XXIV.)

Comunicações com o mundo invisível

22. Estando a existência, a sobrevivência e a individualidade da alma admitidas, o espiritismo se limita a uma só questão principal: **As comunicações entre as almas e os viventes são possíveis?** Essa possibilidade é uma conclusão da experiência. Uma vez estabelecido o fato das relações entre o mundo visível e o mundo invisível, sendo conhecidos a natureza, a causa e o modo dessas relações, tem-se aí um novo campo aberto à observação e a explicação para uma porção de problemas, e, ao mesmo tempo, um potente elemento moralizador, por fazer cessar a dúvida sobre o futuro.

23. O que lança dúvidas na mente de muitas pessoas quanto à possibilidade das comunicações de além-túmulo é a ideia errada que fazem do estado da alma depois da morte. Geralmente a imaginam como um sopro, uma fumaça, uma coisa vaga, apenas perceptível pelo pensamento, que evapora e se vai não se sabe para onde, mas tão distante, que é difícil compreender que ela possa voltar à Terra. Se, ao contrário, a considerarmos na sua união com um corpo fluídico, semimaterial, com o qual forma um ser concreto e individual, suas relações com os vivos nada têm de incompatível com a razão.

24. Vivendo o mundo visível no meio do mundo invisível, com o qual está em perpétuo contato, resulta daí uma incessante reação de um sobre o outro; que, uma vez que existem homens, existem também espíritos, e que, se estes últimos têm o poder de manifestar-se, devem tê-lo feito em todas as épocas e entre todos os povos. Entretanto, nos últimos tempos, as manifestações dos espíritos se propagaram muito e adquiriram

maior caráter de autenticidade, porque estava nos desígnios da Providência pôr termo ao flagelo da incredulidade e do materialismo através de provas evidentes, permitindo, àqueles que deixaram a Terra, virem atestar sua existência e revelar-nos sua situação feliz, ou infeliz.

25. As relações entre o mundo visível e o mundo invisível podem ser ocultas ou evidentes, espontâneas ou provocadas.

Os espíritos atuam sobre os homens de modo oculto, pelos pensamentos que lhes sugerem e por certas influências; de maneira clara, por efeitos apreciáveis pelos sentidos.

As manifestações espontâneas ocorrem repentinamente e de improviso; muitas vezes elas se apresentam entre as pessoas mais alheias às ideias espíritas e que, por isso mesmo, não conseguindo entendê-las, as atribuem a causas sobrenaturais. As que são provocadas ocorrem por intermédio de certas pessoas dotadas, para esse fim, de faculdades especiais, e que são chamadas **médiuns**.

26. Os espíritos podem manifestar-se espontaneamente por ruídos, por pancadas; para eles, é um meio de atestar sua presença e chamar a atenção para si, exatamente como uma pessoa bate à porta para avisar que lá há alguém. Há alguns que não se limitam a ruídos moderados, mas que chegam ao ponto de fazer um barulhão semelhante ao de louças quebradas, de portas que se abrem e fecham, ou de móveis derrubados; alguns chegam mesmo a causar uma perturbação real e verdadeiros estragos. (***Revista Espírita***, 1858: "O espírito batedor de Bergzabern". – **Idem**, "O espírito batedor de Dibbelsdorf". – Idem, "O trapeiro da rua des Noyers".)

28. Embora invisível para nós no estado normal, o perispírito não deixa de ser matéria etérea. O espírito pode, em certos casos, fazê-lo sofrer uma espécie de modificação molecular que o torna visível, e mesmo tangível; é assim que se produzem as aparições. Esse fenômeno não é mais extraordinário do que o do vapor, que é invisível quando muito rarefeito e que se torna visível quando condensado.

Os espíritos que se tornam visíveis quase sempre se apresentam sob as aparências que tinham em vida e que permitem reconhecê-los.

29. A visão permanente e geral dos espíritos é muito rara, mas as aparições isoladas são muito frequentes, principalmente no momento da morte; o espírito desprendido parece apressar-se para ir rever seus parentes e amigos, como se para avisá-los de que acaba de deixar a Terra e dizer-lhes que continua vivendo. Se repassarmos todas as nossas lembranças, veremos quantos fatos autênticos dessa espécie, que não compreendíamos, aconteceram conosco não somente à noite, durante o sono, mas em pleno dia e em perfeito estado de vigília. Outrora, tais fatos eram considerados sobrenaturais e prodigiosos, e atribuídos à magia e à feitiçaria; hoje, os incrédulos os atribuem à imaginação; porém, desde que a ciência espírita os explicou, sabemos como se produzem e também sabemos que não se afastam da ordem dos fenômenos naturais.

30. Era com o auxílio do perispírito que o espírito atuava sobre seu corpo quando vivia; é ainda com esse mesmo fluido que ele se manifesta, atuando sobre a matéria inerte e produzindo ruídos, movimentos de mesas e outros objetos que ele levanta, derruba ou transporta. Esse fenômeno nada tem de surpreendente se considerarmos que, entre nós, os mais potentes motores se encontram nos fluidos mais rarefeitos e, mesmo, imponderáveis, como o ar, o vapor e a eletricidade.

É igualmente com a ajuda do seu perispírito que o espírito faz os médiuns escreverem, falarem ou desenhar; não possuindo corpo tangível para atuar ostensivamente, quando quer se manifestar ele se serve do corpo do médium, cujos órgãos toma emprestados, fazendo-os agir como se pertencessem ao seu próprio corpo, e isso pelo eflúvio fluídico que espalha sobre o médium.

31. No fenômeno designado pelo nome **mesas girantes**, ou **mesas falantes**, é pelo mesmo meio que o espírito atua sobre a mesa, seja para fazê-la mover-se sem um significado determinado, seja para fazê-la dar pancadas inteligentes, indicando as le-

tras do alfabeto para formar palavra e frases, fenômeno este que é conhecido como tiptologia. A mesa é apenas um instrumento de que ele se serve, como o faz com o lápis para escrever; ele lhe dá uma vitalidade momentânea pelo fluido de que a impregna, mas **não se identifica com ela**. As pessoas que, emocionadas, vendo manifestar-se um ser que lhes é caro, abraçam a mesa, têm uma atitude ridícula, pois é absolutamente como se abraçassem uma bengala de que um amigo se servisse para bater. O mesmo se pode dizer dos que falam com a mesa, como se o espírito estivesse dentro da madeira, ou como se a madeira se tivesse tornado espírio.

Quando comunicações ocorrem por esse meio, devemos imaginar o espírito não na mesa, mas ao lado dela, como ficaria se estivesse vivo, e exatamente como o veríamos se, naquele momento, pudesse tornar-se visível. O mesmo acontece nas comunicações pela escrita: veríamos o espírito ao lado do médium, dirigindo-lhe a mão, ou transmitindo-lhe seu pensamento por uma corrente fluídica.

Quando a mesa se levanta do chão e flutua no espaço sem ponto de apoio, o espírito não a ergue com força braçal, mas a envolve e a impregna de uma espécie de atmosfera fluídica que neutraliza o efeito da gravidade, como o faz o ar com os balões e as pipas. O fluido de que está impregnada dá-lhe momentaneamente uma leveza específica maior. Quando a mesa está firme no chão, acha-se num estado análogo ao da campânula pneumática sob a qual se fez o vácuo. Trata-se, aqui, de meras comparações para mostrar a analogia dos efeitos e não uma semelhança absoluta das causas.

Quando a mesa persegue alguém, não é o espírito que corre, porque pode continuar tranquilamente no mesmo lugar, mas é ele quem lhe dá o impulso, por uma corrente fluídica, através da qual faz com que a mesa se mova segundo a sua vontade. Quando pancadas são ouvidas na mesa ou em qualquer outro lugar, não é o espírito quem bate com a mão ou com algum objeto; ele dirige sobre o ponto de onde parte o ruído um jato de fluido que produz o efeito de um choque elétrico e modifica o som como se pode modificar os sons produzidos pelo ar.

A partir disso, compreende-se que, para o espírito, não

é mais difícil erguer uma pessoa do que levantar uma mesa, transportar um objeto de um lugar a outro ou atirá-lo em qualquer parte; esses fenômenos se produzem pela mesma lei.

32. Pode-se ver, pelo pouco que foi dito, que as manifestações espíritas, seja qual for sua natureza, nada têm de sobrenatural ao prodigioso. São fenômenos que se produzem em virtude da lei que rege as relações entre o mundo visível e o invisível, lei tão natural quanto as da eletricidade, da gravidade etc. O espiritismo é a ciência que nos revela essa lei, como a mecânica nos revela a lei do movimento, a óptica, a da luz. Estando na natureza, as manifestações espíritas se produziram em todas as épocas; uma vez conhecida, a lei que as rege nos explica uma infinidade de problemas considerados insolúveis; é a chave para uma porção de fenômenos explorados e exagerados pela superstição.

33. Estando o prodigioso completamente afastado, esses fenômenos deixam de ter qualquer coisa que possa ser rejeitada pela razão, porque vêm assumir seu lugar entre os outros fenômenos naturais. Nos tempos de ignorância, todos os efeitos cuja causa não se conhecia eram considerados sobrenaturais. As descobertas da ciência restringiram sucessivamente o círculo do prodigioso; o conhecimento desta nova lei veio reduzi-lo a nada. Aqueles, pois, que acusam o espiritismo de ressuscitar o prodigioso, provam, com isso, que falam de algo que não conhecem.

34. As manifestações dos espíritos são de duas naturezas: **efeitos físicos** e **comunicações inteligentes**. Os primeiros são os fenômenos materiais e evidentes, como os movimentos, os ruídos, o transporte de objetos etc.; os outros consistem no intercâmbio regular de pensamentos através de sinais, da palavra e, principalmente, da escrita.

35. As comunicações que recebemos dos espíritos podem ser boas ou más, justas ou falsas, profundas ou levianas, segundo a natureza dos que se manifestam. Os que dão provas de recato e sabedoria são espíritos adiantados, que progrediram;

os que demonstram ignorância e más qualidades são espíritos ainda atrasados, mas que progredirão com o tempo.

Os espíritos só podem dar respostas a respeito do que sabem, segundo seu adiantamento, e mais, sobre o que lhes é permitido dizer, porque há coisas que eles não devem revelar, por não ser ainda dado aos homens tudo conhecer.

36. Da diversidade entre as qualidades e aptidões dos espíritos, resulta que não basta dirigir-se a um espírito qualquer para obter uma resposta correta a qualquer pergunta, porque, sobre muitas coisas, ele pode dar apenas a sua opinião pessoal, que pode ser certa ou errada. Se ele for sensato, confessará sua ignorância sobre o que não conhece; se for fútil ou mentiroso, dará respostas a tudo, sem se preocupar com a verdade; se for orgulhoso, dará sua opinião como verdade absoluta. É por isso que São João, o Evangelista, diz: **"Não acrediteis em todos os espíritos; antes provai se são espíritos de Deus".** A experiência prova s sabedoria deste conselho. Haveria, pois, imprudência e leviandade em aceitar sem verificação tudo que venha dos espíritos. Eis por que é essencial estarmos bem informados quanto à natureza daqueles com quem lidamos. (*O Livro dos Médiuns*, no. 267.)

37. Reconhece-se a qualidade dos espíritos pela sua linguagem; a dos espíritos verdadeiramente bons e superiores é sempre digna, nobre, lógica, isenta de contradições; ela exala sabedoria, benevolência, modéstia e a mais pura moral; é concisa e sem palavras supérfluas. Entre os espíritos inferiores, ignorantes ou orgulhosos, o vazio das ideias quase sempre é compensado pela abundância de palavras. Todo pensamento evidentemente falso, toda máxima contrária à sã moral, todo conselho ridículo, toda expressão grosseira, trivial, ou simplesmente frívola, enfim, qualquer indício de maldade, de presunção ou de arrogância é sinal incontestável da inferioridade de um espírito.

38. Os espíritos inferiores são mais ou menos ignorantes; seu horizonte moral é limitado, seu discernimento, restrito; frequentemente, têm das coisas apenas uma ideia falsa e incom-

pleta; além disso, ainda estão sob a influência dos preconceitos terrestres, que às vezes tomam como verdades; por isso são incapazes de resolver certas questões. Eles podem induzir-nos a erro, voluntária ou involuntariamente, a respeito do que eles próprios não compreendem.

39. Nem por isso os espíritos inferiores são todos essencialmente maus; há os que são apenas ignorantes e levianos; outros que são apenas brincalhões, espirituosos, divertidos, e que sabem manejar a ironia fina e mordaz. Como na Terra, ao lado disso encontramos no mundo dos espíritos todos os tipos de perversidade e todos os níveis de superioridade intelectual e moral.

40. Os espíritos superiores só se ocupam com comunicações inteligentes que visam à nossa instrução; as manifestações físicas ou puramente materiais estão, mais especificamente, entre as atribuições dos espíritos inferiores, comumente chamados **espíritos batedores**, como entre nós as façanhas ficam a cargo dos saltimbancos e não dos sábios.

41. As comunicações com os espíritos devem ser sempre feitas com calma e concentração; jamais se deve perder de vista que os espíritos são as almas dos homens e que seria inconveniente fazer disso um passatempo ou objeto de brincadeiras. Se respeitamos os restos mortais, devemos respeitar mais ainda os espíritos. As reuniões frívolas, com propósitos fúteis, não cumprem, pois, um dever, e os que delas participam deveriam pensar que de um momento para outro podem entrar no mundo dos espíritos, e não gostarão de ver-se tratados com tão pouca consideração.

42. Outro ponto igualmente essencial a considerar é que os espíritos são livres; comunicam-se quando querem, com quem lhes convém, e quando podem, pois eles têm suas ocupações. Eles não estão à disposição de quem quer que seja e não se submetem aos seus caprichos, e a ninguém é dado fazê-los vir contra a vontade, nem fazê-los dizer o que desejam calar; de modo

que ninguém pode afirmar que um espírito qualquer atenderá ao seu chamado num momento determinado, ou responderá a esta ou àquela pergunta. Dizer o contrário, é prova de ignorância total dos mais elementares princípios do espiritismo; **só o charlatanismo tem fontes infalíveis**.

43. Os espíritos são atraídos pela simpatia, pela semelhança de gostos e de caráter, pela intenção dos que desejam sua presença. Os espíritos superiores não vão às reuniões fúteis, como um sábio da Terra não compareceria a uma assembleia de jovens inconsequentes. O simples bom senso diz que não pode ser de outro modo; ou, se às vezes comparecem, é para dar conselho benéfico, combater os vícios, procurar reconduzir ao bom caminho quem dele se tenha desviado; se não forem ouvidos, retiram-se. Teria uma ideia totalmente errada quem supusesse que espíritos sérios podem prestar-se a responder a futilidades, a perguntas supérfluas, que não provam nem simpatia nem respeito por eles, e nem o real desejo de instruir-se, e menos ainda que possam vir exibir-se para entreter os curiosos. Se não faziam isso quando viviam, também não o fazem depois da morte.

44. A frivolidade das reuniões tem por resultado atrair os espíritos levianos, que buscam apenas ocasiões para enganar e mistificar. Pela mesma razão que os homens austeros e sérios não comparecem às assembleias superficiais, os espíritos sérios só vão às reuniões sérias, cujo objetivo é a instrução, não a curiosidade; é nessas reuniões que os espíritos superiores gostam de ministrar seus ensinamentos.

45. Do que foi dito, conclui-se que toda reunião espírita, para ser proveitosa, deve, como primeira condição, ser séria e realizada num ambiente de recolhimento, devendo tudo passar-se nela respeitosamente, religiosamente e com dignidade, se se quer obter a colaboração habitual dos bons espíritos. Não se deve esquecer que se esses mesmos espíritos aí tivessem comparecido quando viviam, ter-se-ia por eles toda consideração a que, após a morte, eles têm mais direito ainda.

46. Em vão se alega a utilidade de certas experiências curiosas, frívolas e divertidas para convencer os incrédulos; é a um resultado completamente oposto que se chega. O incrédulo, já propenso a zombar das mais sagradas crenças, não pode ver uma coisa séria em algo que se encara como brincadeira; ele não pode ser levado a respeitar o que não lhe é apresentado de modo respeitável; por isso ele sempre sai com má impressão das reuniões fúteis e levianas, das reuniões em que não há ordem, nem seriedade ou recolhimento. O que, principalmente, pode convencê-lo, é a prova da presença de seres cuja lembrança lhe é cara; é diante das suas palavras graves e solenes, é diante das revelações íntimas que o vemos sensibilizar-se e empalidecer. Mas, pelo fato de ter respeito, veneração, amor pela pessoa cuja alma se lhe apresenta, fica chocado, escandalizado por vê-la surgir numa reunião irreverente, no meio de mesas que dançam e dos gracejos de espíritos travessos; incrédulo como é, sua consciência repele essa aliança do sério com o frívolo, do religioso com o profano, por isso considera tudo charlatanismo, e frequentemente sai menos convencido do que quando entrou.

As reuniões desse tipo sempre fazem mais mal do que bem, porque afastam da doutrina mais pessoas do que as que aproximam dela, sem contar que se tornam alvo da crítica dos maledicentes, que nisso encontram fundados motivos para zombarias.

47. Erra quem faz das manifestações físicas um passatempo; ainda que não tenham a importância do ensinamento filosófico, elas têm sua utilidade do ponto de vista dos fenômenos, pois são o bê-a-bá da ciência, para a qual prepararam o caminho. Embora menos necessárias hoje, elas ainda contribuem para o convencimento de algumas pessoas. Mas elas não excluem, em absoluto, a ordem e a compostura nas reuniões em que são praticadas; se sempre fossem praticadas convenientemente, convenceriam com mais facilidade e produziriam, sob todos os aspectos, um resultado muito melhor.

48. Certas pessoas têm uma ideia muito errada a respeito das evocações; há quem creia que consistem em fazer os mortos voltarem do túmulo com seus trajes fúnebres. O pouco que

dissemos a esse respeito deve desfazer esse erro. É só nos romances, nos contos fantásticos de almas do outro mundo e no teatro que se veem mortos descarnados saindo dos sepúlcros, ridiculamente envoltos em mortalhas e chocalhando os ossos. O espiritismo, que nunca fez milagres, tampouco faz este, e jamais fez um corpo morto reviver; quando desce à sepultura, nela fica definitivamente; mas o ser espiritual, fluídico, inteligente não foi colocado no túmulo junto com seu invólucro grosseiro; separou-se dele no momento da morte, e, uma vez operada a separação, entre eles nada mais há em comum.

49. A crítica maldosa sempre gostou de pintar as comunicações espíritas como sendo cercadas das práticas ridículas e supersticiosas da magia e da necromancia. Se esses que falam do espiritismo sem conhecê-lo se tivessem dado ao trabalho de estudar aquilo de que querem falar, teriam evitado esses desperdícios de imaginação ou as alegações que só servem para provar sua ignorância e má vontade. Para informação das pessoas estranhas à ciência, diremos que, para nos comunicarmos com os espíritos não há dias, lugares ou horas mais propícios do que outros; que, para evocá-los, não se precisa de fórmulas, nem de palavras sacramentais ou cabalísticas; que não se necessita de qualquer preparação ou iniciação; que o emprego de qualquer sinal ou objeto material, quer para atraí-los, quer para repeli-los, é inútil; basta o pensamento. Finalmente, diremos que os médiuns recebem suas comunicações tão simples e naturalmente como se fossem ditadas por uma pessoa viva, sem saírem do seu estado normal. Só o charlatanismo poderia inventar artifícios excêntricos e acrescentar-lhes acessórios ridículos.

O apelo aos espíritos se faz em nome de Deus, com respeito e recolhimento; é a única coisa que se recomenda às pessoas sérias que desejem entrar em contato com espíritos sérios.

Intuito providencial das manifestações espíritas

50. O intuito providencial das manifestações é convencer os incrédulos de que tudo não acaba para o homem com a vida

terrestre, e dar aos crentes ideias mais justas sobre o futuro. Os bons espíritos vêm instruir-nos visando ao nosso progresso e não para revelar-nos o que ainda não devemos saber ou o que só devemos conhecer pelo nosso trabalho. Se bastasse interrogar os espíritos para obter a solução de todas as dificuldades científicas, ou para fazer descobertas e invenções lucrativas, qualquer ignorante poderia tornar-se sábio facilmente, e todo preguiçoso poderia enriquecer sem trabalhar; e é o que Deus não deseja. Os espíritos ajudam o homem talentoso pela inspiração oculta, mas não o eximem do trabalho, nem das pesquisas, a fim de deixar-lhe todo mérito.

51. Seria ter uma ideia muito errada a respeito dos espíritos, vê-los como auxiliares de cartomantes; os espíritos sérios se recusam a lidar com coisas fúteis; os levianos e zombeteiros se ocupam com tudo, respondem a tudo, predizem tudo que se queira, sem se preocupar com a verdade, e sentem um prazer maldoso em mistificar pessoas demasiado crédulas; eis por que é essencial estar perfeitamente informado sobre a espécie das perguntas que se podem dirigir aos espíritos. (*O Livro dos Médiuns*, no. 286.)

52. Exceto quanto ao que pode auxiliar nosso progresso moral, só há incerteza nas revelações que se podem obter dos espíritos. A primeira consequência desagradável para aquele que desvia sua faculdade do intuito providencial é ser mistificado pelos espíritos enganadores que proliferam em torno dos homens; a segunda é cair sob a influência desses mesmos espíritos, que podem, através de conselhos traiçoeiros, conduzi-lo a infortúnios reais e materiais na Terra; a terceira é perder, depois da vida terrestre, o fruto do conhecimento do espiritismo.

53. As manifestações, portanto, não se destinam a servir aos interesses materiais; sua utilidade está nas consequências morais que delas decorrem; porém, se tivessem como único resultado revelar uma nova lei da natureza, demonstrar materialmente a existência da alma e a sua imortalidade, isso já seria muito, pois seria um largo caminho novo aberto à Filosofia.

Dos médiuns

54. Nas suas aptidões, os médiuns apresentam numerosas variedades, o que os torna mais ou menos apropriados à obtenção deste ou daquele fenômeno, deste ou daquele tipo de comunicação. Segundo essas aptidões, distinguimo-los em médiuns **de efeitos físicos, de comunicações inteligentes, videntes, falantes, auditivos, sensitivos, desenhistas, poliglotas, poetas, músicos, escreventes** etc. Não podemos esperar de um médium o que está fora da sua faculdade. Sem o conhecimento das aptidões mediúnicas, o observador não entende certas dificuldades ou certas impossibilidades que se encontram na prática. (*O Livro dos Médiuns*, cap. XIV, no. 185.)

55. Os médiuns de efeitos físicos são mais particularmente aptos para provocar fenômenos materiais, como movimentos, pancadas etc., com o auxílio de mesas ou de outros objetos; quando esses fenômenos revelam um pensamento, ou obedecem a uma vontade, são efeitos inteligentes que, por isso mesmo, denotam uma causa inteligente; este é, para os espíritos, um modo de manifestar-se. Por um número de pancadas convencionado, obtém-se **sim** ou **não** como resposta, ou a indicação de letras do alfabeto que servem para formar palavras ou frases. Esse meio primitivo é muito demorado e não se presta a textos longos. Das mesas falantes teve início a ciência; hoje, que possuímos meios de comunicação tão rápidos e completos como entre os ivos, já não se recorre àquele, a não ser acidentalmente e como experiência.

56. De todos os meios de comunicação, a escrita é, ao mesmo tempo,o mais simples rápido e cômodo, e o que permite maior extensão; é também a faculdade que se encontra mais frequentemente entre os médiuns.

57. Para obter-se a escrita, usou-se, no início, intermediários materiais, como cestinhas, pranchetas etc., munidas de um lápis. (*O Livro dos Médiuns*, cap. XIII, no. 152 e segs.) Mais tarde reconheceu-se a inutilidade desses acessórios e a possibi-

lidade de os médiuns escreverem diretamente com a mão, como nas circunstâncias comuns.

58. O médium escreve sob a influência dos espíritos que se utilizam dele como de um instrumento; sua mão é impelida por um movimento involuntário que, na maioria das vezes, não consegue conter. Certos médiuns não têm consciência do que escrevem; outros a têm mais ou menos vaga, embora o conteúdo lhes seja estranho: é o que distingue os **médiuns mecânicos** dos **médiuns intuitivos** ou **semimecânicos**. A ciência espírita explica o modo de transmissão do pensamento do espírito para o médium, e o papel deste último nas comunicações. (*O Livro dos Médiuns*, cap. XV, no. 179 e segs; cap. XIX, no. 223 e segs.)

59. O médium possui apenas a faculdade de comunicar-se, mas a comunicação efetiva depende da vontade dos espíritos. Se os espíritos não desejarem manifestar-se, o médium nada obtém; é como um instrumento sem músico.

Por se comunicarem só quando querem, ou podem, os espíritos não estão à disposição de quem quer que seja; **nenhum médium tem o poder de fazê-los vir quando queira e contra a vontade deles**.

Isto explica a intermitência da faculdade nos melhores médiuns, e as interrupções por que passam, às vezes durante vários meses. Seria, pois, um erro comparar a mediunidade a um **talento**. Talento se adquire pelo trabalho; quem o possui é sempre senhor dele; o médium, porém, não o é da sua faculdade, uma vez que ela depende de uma vontade alheia.

60. Os médiuns de efeitos físicos que obtêm regularmente e à vontade a produção de certos fenômenos, admitindo-se que não se trate de ilusionismo, acham-se envolvidos com espíritos de categoria inferior, que se comprazem nessa espécie de exibições, e que talvez tenham sido prestidigitadores quando viviam; seria absurdo, porém, pensar que espíritos, por menos adiantados que sejam, se divirtam exibindo-se.

61. A penumbra necessária para a produção de certos efei-

tos **físicos**, sem dúvida presta-se a suspeitas, mas nada prova contra a realidade deles. Sabe-se que, em Química, há combinações que não podem operar-se em ambiente claro; ora, todos os fenômenos espíritas são resultado da combinação dos fluidos próprios do espírito com os do médium; sendo esses fluidos matéria, não é de estranhar que, em certos casos, o fluido luminoso impeça essa combinação.

62. As comunicações inteligentes acontecem igualmente pela ação fluídica do espírito sobre o médium; é preciso que o deste último se identifique com o do espírito. A facilidade das comunicações depende do grau de **afinidade** existente entre os dois fluidos. Cada médium é, assim, mais ou menos apto a receber a **impressão** ou o **impulso** do pensamento deste ou daquele espírito; ele pode ser um bom instrumento para um e mau para outro. Disso resulta que, estando lado a lado dois médiuns igualmente dotados, o espírito poderá manifestar-se por um e não pelo outro.

63. Portanto, é um erro acreditar que baste ser médium para receber, com igual facilidade, comunicações de qualquer espírito. Não existem médiuns universais para as evocações, nem com aptidão para produzir todos os fenômenos. Os espíritos procuram de preferência instrumentos que vibrem com eles em uníssono; impor-lhes qualquer um seria o mesmo que obrigar um pianista a tocar violino, por achar que, como sabe música, ele poderá tocar qualquer instrumento.

64. Sem a harmonia, que só a identidade fluídica pode estabelecer, as comunicações são impossíveis, incompletas ou falsas. Podem ser falsas porque, na ausência do espírito desejado, não faltam outros dispostos a aproveitar a ocasião para manifestar-se, e que pouco se preocupam com a verdade.

65. Algumas vezes a identidade fluídica é completamente impossível entre certos espíritos e certos médiuns; outras vezes, e é o caso mais comum, ela só se estabelece gradualmente e com o tempo; isso explica porque os espíritos que se manifestam

habitualmente por um determinado médium o fazem com mais facilidade, e porque as primeiras comunicações quase sempre demonstram certa hesitação e são menos explícitas.

66. A identidade fluídica é tão necesária nas comunicações pela **tiptologia** como pela escrita, visto que, tanto num como no outro caso, trata-se da transmissão do pensamento do espírito, seja qual for o meio material empregado.

67. Não podendo impor um médium ao espírito que se quer evocar, convém deixar-lhe a escolha do instrumento. Seja como for, é necessário que o médium se identifique previamente com o espírito pelo recolhimento e pela prece, pelo menos durante alguns minutos, e mesmo vários dias antes, se for possíivel, de modo a provocar e ativar a identidade fluídica. É um meio de atenuar a dificuldade.

68. Quando as condições fluídicas não são propícias à comunicação direta do espírito ao médium, ela pode verificar-se por intermédio do guia espiritual; nesse caso, o pensamento só chega em segunda mão, isto é, após haver atravessado dois meios. Compreende-se, então, como é importante que o médium seja bem assistido, pois se o for por um espírito obsessor, ignorante ou orgulhoso, a comunicação será necessariamente alterada.

Aqui, as qualidades pessoais do médium desempenham forçosamente um papel importante, pela natureza dos espíritos que ele atrai a si. Os mais indignos dos médiuns podem ter faculdades consideráveis; os mais confiáveis, porém, são o que, a essa propriedade, aliam as melhores simpatias do mundo espiritual; ora, essas simpatias não são **absolutamente garantidas** pelos nomes verdadeiros, mais ou menos imponentes, dos espíritos, ou pelos nomes que assumem para assinar as comunicações, mas pela natureza **constantemente boa** das comunicações que o médium recebe.

69. Seja qual for o modo de comunicação, a prática do espiritismo, do ponto de vista experimental, apresenta numerosas dificuldades, e não está isenta de inconvenientes para quem não

tem a experiência necessária. Quer se experimente pessoalmente, quer se seja mero observador, é essencial saber distinguir as diferentes categorias de espíritos que podem manifestar-se, conhecer a causa de todos os fenômenos, as condições em que podem produzir-se, os obstáculos que podem opor-se a isso, a fim de não pedir o impossível; não menos necessário é conhecer todas as condições e todos os riscos da mediunidade, a influência do meio, as disposições morais etc. (*O Livro dos Médiuns*, 2ª parte.)

Riscos para os médiuns

70. Um dos maiores riscos que há na mediunidade é a obsessão, ou seja, o domínio que certos espíritos podem exercer sobre os médiuns, impondo-se a eles sob nomes apócrifos e impedindo-os de comunicar-se com outros espíritos. É, ao mesmo tempo, um risco para o observador principiante e inexperiente que, não conhecendo as características desse fenômeno, pode ser iludido pelas aparências, como aquele que, desconhecendo a Medicina, pode enganar-se quanto à causa e à natureza de um mal. Se neste caso o estudo prévio é útil ao observador, é indispensável ao médium, por fornecer-lhe os meios de prevenir um inconveniente que poderia ter lamentáveis consequências para ele; eis por que nunca é demais recomendar o estudo antes de entregar-se à prática. (*O Livro dos Médiuns*, cap. XIII.)

71. A obsessão apresenta três níveis principais bem caracterizados: a **obsessão simples**, a **fascinação** e a **subjugação.** No primeiro, o médium tem perfeita consciência de que nada de bom obtém; não se ilude quanto à natureza do espírito que se obstina em manifestar-se a ele e do qual deseja ver-se livre. Esse caso não apresenta gravidade alguma: é um simples aborrecimento, e o médium se livra dele deixando momentaneamente de escrever. Cansado de não ser ouvido, o espírito acaba por se retirar.

A **fascinação obsessiva** é muito mais grave, porque o espírito fica completamente iludido. O espírito que o domina se apossa da sua confiança a ponto de anular-lhe a capacidade de apreciação quanto ao que se refere às comunicações e de fazer com que ache sublimes as coisas mais absurdas.

A característica distintiva dessa espécie de obsessão é provocar no médium uma excessiva suscetibilidade e levá-lo a crer que só é bom, justo e verdadeiro o que ele escreve, a rejeitar, e mesmo levar a mal, todo conselho e toda observação crítica, preferindo romper com seus amigos a admitir que está enganado; a sentir ciúme dos outros médiuns cujas comunicações sejam julgadas melhores do que as suas; a querer impor-se nas reuniões espíritas, das quais se afasta quando não consegue sobressair. Finalmente, a dominação pode chegar a tal ponto que o espírito pode levá-lo a tomar as iniciativas mais ridículas e comprometedoras.

72. Uma das características distintivas dos maus espíritos é impor-se; eles dão ordens e querem ser obedecidos; os bons jamais se impõem: dão conselhos, e se não são ouvidos, retiram-se. Resulta daí que a impressão causada pelos maus espíritos é quase sempre desagradável, fatigante e dá uma espécie de mal-estar; frequentemente ela provoca uma agitação febril, movimentos bruscos e convulsivos; a dos bons, ao contrário, é calma, suave e proporciona verdadeiro bem-estar.

73. A **subjugação obsessora**, atualmente chamada **possessão**, é uma coação física exercida sempre por espíritos da pior espécie e que pode chegar à neutralização do livre-arbítrio. Muitas vezes ela se limita a simples impressões desagradáveis, mas vez por outra provoca movimentos desordenados, atos insensatos, gritos, palavras incoerentes ou injuriosas, cujo ridículo aquele que dela é objeto às vezes compreende, mas não consegue evitar. Esse estado difere essencialmente da **loucura patológica**, com que erradamente o confundem, porque nele não há qualquer lesão orgânica; sendo as causas diferentes, os meios para curá-la também devem ser outros. Ao aplicar neste caso o processo comum das duchas e tratamentos corporais, chega-se, muitas vezes, a provocar uma loucura verdadeira, onde havia apenas uma causa moral.

74. Na loucura propriamente dita, a causa do mal é interna; é preciso recolocar o organismo no seu estado normal. Na **subjugação**, a causa do mal é externa; é necessário livrar o doente de um inimigo invisível, não opondo-lhe remédios, mas **uma força moral superior à dele.** A experiência prova que em casos semelhantes os exorcismos jamais produziram qualquer resultado satisfatório e que mais agravaram do que melhoraram a situação. Ao indicar a verdadeira causa do mal, só o espiritismo pode fornecer os meios para combatê-lo. É preciso, de certo modo, fazer a educação moral do espírito obsessor; através de conselhos judiciosamente dirigidos, acaba-se por torná-lo melhor e fazer com que desista espontaneamente de atormentar o enfermo, que então é libertado. (*O Livro dos Médiuns*, no. 279. – *Revista Espírita*, fevereiro, março e junho de 1864: "O jovem obsidiado de Marmande".)

75. A subjugação obsessora é geralmente mais individual; mas, quando uma legião de espíritos maus desce sobre uma população, ela pode ter caráter epidêmico. Foi um fenômeno dessa ordem que aconteceu no tempo do Cristo; só uma considerável superioridade moral podia reprimir esses seres perversos, então conhecidos como **demônios**, e devolver a calma às suas vítimas.[1]

76. Um fato importante a considerar é que obsessão, não importa de que natureza seja, independe da mediunidade e, principalmente esta última, pode ser encontrada em todos os níveis em muitos indivíduos que nunca ouviram falar de espiritismo. Na verdade, tendo existido desde o início dos tempos, os espíritos sempre devem ter exercido a mesma influência; a mediunidade não é uma causa, é, sim, um modo de manifestação dessa influência, donde se pode concluir, com certeza, que, de um modo qualquer, e muitas vezes nas situações mais comuns da vida, todo médium obsidiado deve ter sofrido os efeitos dessa influência; que, sem a mediunidade, ela se manifestaria por outros efeitos, frequentemente atribuídos a doenças misteriosas

1 Uma epidemia semelhante grassou por vários anos numa aldeia da Alta-Saboia. (Ver *Revista Espírita*, abril e dezembro de 1862; janeiro, fevereiro, abril e maio de 1863: "Os possuídos de Morzines".)

que escapam a todas as investigações da Medicina. Pela mediunidade, o ser perverso denuncia sua presença; sem a mediunidade, é um inimigo oculto de quem não se desconfia.

77. Os que nada admitem além da matéria, não conseguem admitir a causa oculta; mas, quando a ciência tiver saído da sua rotina materialista, reconhecerá, na ação do mundo invisível que nos rodeia e no meio do qual vivemos, uma força poderosa que atua sobre as coisas físicas, como também sobre as morais; será um novo caminho aberto ao progresso e a solução de inúmeros problemas mal compreendidos.

78. Como a obsessão nunca pode ser obra de um espírito bom, um ponto essencial consiste em saber reconhecer a natureza dos que se apresentam.

O médium não esclarecido pode ser enganado pelas aparências; mas o que está prevenido fica à espreita dos menores sinais suspeitos, e o espírito acaba se retirando quando vê que nada pode fazer. O conhecimento prévio dos meios de distinguir os bons espíritos dos maus é, pois, indispensável ao médium que não quer expor-se a cair numa cilada, e também para o simples observador que pode, assim, apreciar o mérito do que vê e ouve. (*O Livro dos Médiuns*, cap. XXIV.)

Qualidades dos médiuns

79. A faculdade mediúnica tem a ver só com o organismo; ela independe das qualidades morais do médium, e pode-se encontrá-la desenvolvida tanto nos mais indignos como nos mais dignos. O mesmo não acontece, porém, com a preferência que os bons espíritos dão ao médium.

80. Os bons espíritos se comunicam mais ou menos facilmente por esse ou aquele médium, segundo a simpatia que estes lhe votem. O que constitui a qualidade de um médium não é a facilidade com que obtém comunicações, mas sua aptidão para receber só boas comunicações e para não se tornar joguete de

espíritos levianos e enganadores.

81. Os médiuns que mais deixam a desejar do ponto de vista moral recebem, vez por outra, excelentes comunicações, que só podem provir de espíritos bons, e não há razão para espanto: é muitas vezes em proveito dos médiuns ou para dar-lhes sábios conselhos; se não os aproveitam, são mais culpáveis ainda, porque decretam sua própria condenação. Deus, cuja bondade é infinita, não pode negar assistência aos que dela mais necessitam. O missionário virtuoso que vai moralizar os criminosos, faz o mesmo que os bons espíritos fazem com os médiuns imperfeitos.

Por outro lado, querendo dar ensinamentos úteis a todos, os bons espíritos servem-se dos instrumentos que estão ao seu alcance; mas deixam-no quando encontram outro que lhes seja mais simpático e tire proveito das suas lições. Retirando-se os bons espíritos, os espíritos inferiores, pouco preocupados com qualidades morais, que os aborrecem, acham o campo livre.

Resulta daí que os médiuns moralmente imperfeitos e que não se emendam são, cedo ou tarde, presa dos maus espíritos que, frequentemente, os conduzem à ruína e aos maiores infortúnios, ainda neste mundo. Quanto à sua faculdade, de bela que era e que teria continuado a ser, inicialmente desvirtua-se, pelo abandono dos bons espíritos, e acaba por desaparecer.

82. Os médiuns mais dignos não estão livres das mistificações dos espíritos enganadores; primeiro, porque não há quem seja suficientemente perfeito para não ter um lado fraco, pelo qual possa dar acesso aos maus espíritos; segundo, porque os bons espíritos às vezes o permitem, para exercitarmos nosso discernimento, aprendermos a distinguir a verdade do erro e a precaver-nos, para nada aceitarmos cegamente e sem verificação; mas a mentira jamais provém de um bom espírito, e, por mais respeitável que seja o nome que a subscreva, esse nome é necessariamente falso.

Isso pode também ser uma prova para a paciência e a perseverança de qualquer espírita, médium ou não; aquele que, devido a algumas decepções, desanimar, provará aos bons espíritos que não podem contar com ele.

83. Não é de admirar que maus espíritos obsidiem pessoas dignas, assim como não nos surpreende ver, na Terra, pessoas maldosas perseguirem homens de bem.

É significativo que, depois da publicação de *O Livro dos Médiuns*, os médiuns obsidiados são muito menos numerosos, porque, estando prevenidos, mantêm-se em guarda e espreitam os menores sinais que possam denunciar a presença de um espírito mistificador. A maioria dos que não estão prevenidos, ou não estudaram previamente, ou ignoraram os conselhos recebidos.

84. O que constitui o médium propriamente dito é a faculdade; sob esse aspecto, ele pode ser mais, ou menos formado, mais, ou menos desenvolvido. O que constitui o médium **seguro** é a aplicação da faculdade, aptidão para servir de intérprete aos bons espíritos. Faculdade à parte, a força do médium para atrair os bons espíritos e repelir os maus é proporcional à sua superioridade moral, superioridade essa que, por sua vez, é proporcional à soma das qualidades que constituem o homem de bem; com isso, ele conquista a simpatia dos bons e exerce ascendência sobre os maus.

85. Pela mesma razão, a soma das imperfeições morais do médium, ao aproximá-lo da natureza dos maus espíritos, anulam-lhe a influência necessária para afastá-los; **em vez de ser ele quem se impõe, são os maus espíritos que se impõem a ele**. Isso não se aplica só aos médiuns, mas a qualquer pessoa, pois não há quem não receba a influência dos espíritos. (Ver nos. 74 e 75.)

86. Para impor-se ao médium, os maus espíritos sabem explorar habilmente todas as imperfeições morais; a que lhes dá maior embasamento é o **orgulho**, que é o sentimento que predomina na maioria dos médiuns obsidiados, mas principalmente nos **fascinados.** É o orgulho que os leva a crer na infalibilidade e a rejeitar conselhos. Infelizmente, esse sentimento é incitado pelos elogios de que são alvo; quando possuem uma faculdade um pouco superior, são procurados, elogiados, e acabam crendo que são

importantes; julgam-se indispensáveis, e isso é a sua perdição.

87. Enquanto o médium imperfeito se orgulha dos nomes ilustres, geralmente apócrifos, que assinam as comunicações que recebe e se considera intérprete privilegiado das potestades celestes, o **bom médium** nunca se acha suficientemente digno de tal favor; tem sempre uma salutar desconfiança a respeito da qualidade do que obtém, e não se louva no seu próprio julgamento; sendo penas um instrumento passivo, compreende que se o que obtém é bom, não pode considerá-lo um mérito pessoal, como não pode ser responsável se for mau, e que seria ridículo garantir a identidade absoluta dos espíritos que a ele se manifestam; deixa que terceiros, imparciais, julguem a questão, sem que seu amor-próprio sofra com um julgamento desfavorável, do mesmo modo que um ator não é passível da censura infligida à peça de que é intérprete. Seu caráter distintivo é a simplicidade e a modéstia; sente-se feliz pela faculdade que possui, não para vangloriar-se, mas porque lhe proporciona um meio de ser útil, o que faz de boa vontade quando lhe dão oportunidade, sem jamais melindrar-se se não lhe dão preferência.

Os médiuns são os intermediários e os intérpretes dos espíritos; é importante, pois, que o evocador, e mesmo o simples observador, passam apreciar o mérito do instrumento.

88. Como todas as outras faculdades, a faculdade mediúnica é um dom de Deus, que se pode empregar tanto para o bem como para o mal, e da qual não se pode fazer mau uso. Ela tem por finalidade pôr-nos em contato direto com as almas daqueles que viveram, a fim de recebermos seus ensinamentos e nos instruirmos sobre a vida futura. Como a vista nos põe em contato com o mundo visível, a mediunidade nos põe em contato com o mundo invisível. Quem dela se utiliza com um propósito útil, para seu próprio adiantamento e o de seus semelhantes, cumpre uma verdadeira missão, pela qual será recompensado. O que dela faz mau uso, empregando-a em coisas fúteis ou visando a interesses materiais, a desvia do seu fim providencial; e, cedo ou tarde, será punido, como acontece com quem faz mau uso de uma faculdade qualquer.

Charlatanismo

89. Certas manifestações espíritas se prestam facilmente à imitação; mas, pelo fato de terem sido exploradas, como tantas outras, pelo charlatanismo e pela prestidigitação, seria absurdo concluir-se daí que elas não existam. Para quem tenha estudado e conhece as condições normais em que elas podem produzir-se, é fácil distinguir a imitação da realidade; além do mais, a imitação nunca poderia ser completa e só consegue enganar o ignorante,, incapaz de perceber as nuances características do fenômeno verdadeiro.

90. As manifestações mais fáceis de imitar são certos efeitos físicos e efeitos inteligentes comuns, tais como os movimentos, as pancadas, os transportes, a escrita direta, as respostas banais etc. O mesmo não ocorre, porém, com as comunicações inteligentes de grande importância; para imitar as primeiras, basta uma certa habilidade; para simular as outras, quase sempre seria preciso uma instrução pouco comum, uma superioridade intelectual excepcional e uma capacidade de improvisação, por assim dizer, total.

91. Os que não conhecem o espiritismo são geralmente levados a suspeitar da boa-fé dos médiuns; só o estudo e a experiência lhes fornecem meios de assegurar-se da realidade dos fatos; mas, fora disso, a melhor garantia que podem encontrar consiste no absoluto desprendimento e na honradez do médium; há pessoas que, por sua posição e por seu caráter, estão acima de qualquer suspeita. Se o atrativo do ganho pode induzir à fraude, o bom senso diz que onde nada há a ganhar, o charlatanismo nada tem a fazer. (*O Livro dos Médiuns*, cap. XXVIII, nº 304. – *Revista Espírita*, 1862.)

92. Entre os adeptos do espiritismo, como em todas as coisas, encontram-se entusiastas e fanáticos; são, em geral, os piores propagadores, porque se desconfia da facilidade com que tudo aceitam sem um exame aprofundado. O espírita esclarecido foge do entusiasmo que cega; ele observa tudo friamente e com calma; este é o meio de não se tornar vítima de ilusões

e de mistificadores. À parte a questão de boa-fé, o observador principiante deve, antes de mais nada, considerar a gravidade do caráter daqueles a quem se dirige.

Identidade dos espíritos

93. Uma vez que entre os espíritos se encontram todos os defeitos da humanidade, também existem entre eles a astúcia e a mentira; há os que não têm qualquer escrúpulo em ostentar os nomes mais respeitáveis, para inspirar mais confiança. É preciso, pois, abster-se de crer de um modo absoluto na autenticidade de todas as assinaturas.

94. A identidade é uma das grandes dificuldades do espiritismo prático; frequentemente, é impossível constatá-la, principalmente quando se trata de espíritos superiores, antigos relativamente a nós. Entre os que se manifestam, muitos não têm nome para nós, mas, para fixar nossas ideias, podem tomar o de um espírito conhecido, pertencente à mesma categoria; de modo que, se um espírito se comunicar com o nome de São Pedro, por exemplo, nada prova que seja exatamente o apóstolo assim chamado; tanto pode ser ele como outro espírito da mesma ordem, ou enviado por ele. A questão da identidade é, neste caso, completamente secundária e seria uma infantilidade atribuir-lhe importância; o que importa é a natureza do ensinamento. É bom ou mau, digno ou indigno do personagem que o subscreve; este o aceitaria ou desaprovaria? A questão se resume a isso.

95. É mais fácil constatar a identidade quando se trata de espíritos contemporâneos, cujo caráter e cujos hábitos se conhece, pois é por esses mesmos hábitos e por particularidades da vida privada que a identidade se revela mais seguramente e muitas vezes de modo incontestável. Quando se evoca um parente ou um amigo, é a personalidade que interessa, e é perfeitamente natural buscar-se constatar a identidade; mas os meios empregados para isso por aqueles que conhecem o espiritismo apenas imperfeitamente são em geral precários e podem induzir a erro.

96. O espírito revela sua identidade por uma riqueza de circunstâncias que se evidenciam nas comunicações, nas quais se refletem seus hábitos, seu caráter, sua linguagem e até suas expressões usuais. Ela se revela também pelos detalhes íntimos em que entra **espontaneamente** com as pessoas a quem quer bem: estes são os melhores; é raro, porém, que ele responda às perguntas diretas que lhe são feitas a esse respeito, principalmente se o forem por pessoas que lhe sejam indiferentes, com intuito de curiosidade e de prova. O espírito prova sua identidade como quer ou como pode, segundo o tipo de faculdade do seu intérprete, e, frequentemente, essas provas são muito abundantes; o erro é querer que ele as dê como o evocador deseja; é então que ele se recusa a submeter-se às suas exigências. (*O Livro dos Médiuns*, cap. XXIV. – *Revista Espírita*, 1862.)

Contradições

97. As contradições que, com muita frequência, se observam na linguagem dos espíritos, só podem surpreender quem tem apenas um conhecimento incompleto da ciência espírita. Elas são consequência da própria natureza dos espíritos que, como já foi dito, têm um conhecimento proporcional ao seu adiantamento, sendo que alguns podem saber menos do que certos homens. Sobre uma infinidade de pontos, eles podem emitir apenas a sua opinião pessoal, que pode ser mais ou menos correta, e conservam o reflexo dos preconceitos terrestres de que não se despojaram; outros criam sistemas próprios sobre o que ainda não conhecem, particularmente no que tange às questões científicas e à origem das coisas. Portanto, nada há de surpreendente no fato de nem sempre estarem de acordo.

98. Muitos se espantam ao ver comunicações contraditórias assinadas pelo mesmo nome. Só os espíritos inferiores usam uma linguagem diferente segundo as circunstâncias, mas os espíritos superiores jamais se contradizem. Por pouco que esteja iniciado nos mistérios do mundo espiritual, qualquer um sabe com que facilidade certos espíritos ostentam nomes em-

prestados para dar mais credibilidade às suas palavras; pode-se concluir daí, com certeza, que se duas comunicações, radicalmente contraditórias **pela essência do pensamento**, trouxerem o mesmo nome respeitável, uma delas é necessariamente falsa.

99. Dois meios podem servir para fixar as ideias sobre as questões duvidosas: o primeiro é submeter todas as comunicações ao controle severo da razão, do bom senso e da lógica; é uma recomendação que todos os bons espíritos fazem, e que se abstêm de fazê-la os espíritos mistificadores, que sabem perfeitamente que só têm a perder diante de um exame sério, por isso evitam a discussão e querem que se acredite cegamente na palavra deles.

O segundo critério da veracidade consiste na concordância do ensinamento. Quando o mesmo princípio é ensinado em vários lugares por diferentes espíritos e médiuns, estranhos uns aos outros, que não estão sob as mesmas influências, pode-se concluir que tal ensinamento é mais verdadeiro que outro que emane de uma única fonte e seja contestado pela maioria. (*O Livro dos Médiuns*, cap. XVII. – *Revista Espírita*, abril de 1864: "Autoridade da doutrina espírita". – *O Evangelho Segundo o Espiritismo*, introdução.)

Consequências do espiritismo

100. Diante da incerteza quanto às revelações feitas pelos espíritos, pergunta-se: para que serve o estudo do espiritismo?

Para provar materialmente a existência do mundo espiritual.

Sendo o mundo espiritual formado pelas almas daqueles que viveram, daí resulta a prova da existência da alma e da sua sobrevivência ao corpo.

As almas que se manifestam revelam suas alegrias ou seus sofrimentos, segundo o modo como empregaram a vida terrestre, o que nos dá a prova da existência das penas e recompensas futuras.

As almas, ou espíritos, ao descreverem seu estado e sua situação, corrigem as ideias errôneas que se tinha a respeito da vida futura e, principalmente, da natureza e duração das penas.

Assim, tendo a vida futura passado do estado teórico, vago e incerto, ao de fato conclusivo e inconteste, surge daí a necessidade de se trabalhar o máximo possível durante a vida presente, que é breve, em proveito da vida futura, que é indefinida.

Suponhamos que um homem de vinte anos tenha a certeza de morrer aos vinte e cinco, que fará ele durante os últimos cinco anos? Trabalhará para o futuro? Certamente, não; tratará de aproveitar ao máximo o tempo que lhe resta, considerando uma bobagem submeter-se a fadigas e privações sem sentido. Mas, se tiver a certeza de viver até aos oitenta anos, agirá de modo completamente diverso, porque compreenderá a necessidade de sacrificar alguns instantes do repouso atual para assegurar por longos anos seu repouso futuro. O mesmo ocorre com aquele para quem a vida futura é uma certeza.

A dúvida, no tocante à vida futura, leva naturalmente a tudo sacrificar aos prazeres do presente; daí a exagerada importância vinculada aos bens materiais.

A importância atribuída aos bens materiais excita a cobiça, a inveja daquele que tem pouco contra quem tem muito. Da cobiça ao desejo de conseguir a qualquer preço o que seu vizinho possui, basta um passo; daí os ódios, as disputas, os processos, as guerras e todos os males gerados pelo egoísmo.

Com a dúvida sobre o futuro, o homem, acabrunhado nesta vida pelo desgosto e pelo infortúnio, vê apenas na morte o fim dos seus sofrimentos; nada mais esperando, acha racional abreviá-los pelo suicídio.

Sem esperança de futuro, é natural que o homem se aflija, se desespere com as decepções que sofre. Os abalos violentos que suporta produzem-lhe no cérebro perturbações que são a causa da maioria dos casos de loucura.

Sem a vida futura, a coisa principal para o homem é a vida presente, objeto único das suas preocupações; tudo se limita a ela; por isso quer usufruir a qualquer preço, não só bens materiais, mas também honrarias; deseja brilhar, elevar-se acima dos outros, eclipsar os vizinhos por seu luxo e por sua posição; daí a ambição desordenada e a importância que dá aos títulos e a todas as futilidades da vaidade, pelos quais sacrificaria até mesmo sua honra, porque nada vê no além.

A certeza da vida futura e das suas consequências muda totalmente a ordem das ideias e faz com que se vejam as coisas por um ângulo bem diferente; é um véu levantado que revela um horizonte esplêndido e imenso. Diante da infinitude e da grandiosidade da vida de além-túmulo, a vida terrena se eclipsa como um segundo diante dos séculos, como o grão de areia diante da montanha. Tudo se torna pequeno, mesquinho e fica-se surpreso com a importância que se dava a coisas tão efêmeras e pueris. Daí, nos acontecimentos da vida, uma calma, uma tranquilidade que já representam felicidade em comparação com os aborrecimentos e aflições a que nos sujeitamos, com o esforço violento que fazemos para nos elevarmos acima dos outros; daí, também, quanto às vicissitudes e às decepções, uma indeferença que, eliminando toda tendência ao desespero, afasta as causas mais comuns de loucura e desvia o pensamento do suicídio. Com a certeza do futuro, o homem aguarda e se resigna; com a dúvida, ele perde a paciência porque nada espera do presente.

O exemplo daqueles que já viveram, ao provar que a soma da felicidade é proporcional ao progresso moral realizado e ao bem que se fez na Terra; que a soma da infelicidade é proporcional à soma dos vícios e das más ações, faz nascer, em todos que estão bem convencidos, uma tendência natural para fazer o bem e evitar o mal.

Quando a maioria dos homens estiver imbuída dessa ideia, quando eles professarem esses princípios e praticarem o bem, certamente o bem prevalecerá sobre o mal aqui na Terra; os homens deixarão de prejudicar-se mutuamente; regulamentarão suas instituições sociais tendo em vista o bem de todos e não o proveito de alguns; em suma, compreenderão que a lei de caridade ensinada pelo Cristo é a fonte da felicidade, mesmo neste mundo, e basearão as leis civis na lei de caridade.

A constatação do mundo espiritual que nos cerca e da sua ação sobre o mundo corporal é a revelação de uma das forças da natureza e, consequentemente, a explicação para uma infinidade de fenômenos incompreendidos, tanto na ordem física como na ordem moral.

Quando a ciência considerar essa nova força, até hoje por ela ignorada, corrigirá uma porção de erros provenientes do fato de atribuir tudo a uma causa única: a matéria. O reconhecimento dessa nova causa nos fenômenos da natureza será uma alavanca para o progresso e terá o efeito da descoberta de um agente totalmente novo. Com o auxílio da lei espírita, o horizonte da ciência se alargará, como se alargou com a ajuda da lei de gravitação.

Quando, do alto da sua cátedra docente, os sábios proclamarem a existência do mundo espiritual e sua atuação nos fenômenos da vida, eles injetarão na juventude o antídoto para as ideias materialistas, em vez de predispô-la à negação do futuro.

Nas lições de Filosofia clássica, os professores ensinam a existência da alma e seus atributos, segundo as diferentes escolas, mas sem provas materiais. Não é estranho que, quando essas provas chegam, elas sejam rejeitadas e consideradas superstições por esses mesmos professores? Não é o mesmo que dizer aos seus alunos: "Nós lhes ensinamos a existência da alma, mas nada a prova"? Quando um sábio formula uma hipótese sobre um ponto da ciência, ele investiga zelosamente, e acolhe com alegria fatos que possam confirmar sua hipótese. Como, então, um professor de Filosofia, cujo dever é provar aos seus alunos que eles têm uma alma, trata com desdém os meios de dar-lhes uma demonstração evidente?

101. Supondo-se que os espíritos sejam incapazes de ensinar-nos algo que ainda não sabemos, ou que não possamos aprender por conta própria, vê-se que a simples constatação da existência do mundo espiritual conduz forçosamente a uma revolução nas ideias; ora, uma revolução nas ideias provoca obrigatoriamente uma revolução na ordem das coisas; é esta revolução que o espiritismo prepara.

102. Mas os espíritos fazem mais do que isso; se as suas revelações são cercadas de certas dificuldades, se exigem minuciosas precauções para constatar-lhes a exatidão, não é menos verdadeiro que os espíritos esclarecidos, quando sabemos interrogá-los, e quando lhes é permitido, podem revelar-nos fatos

ignorados, explicar-nos coisas incompreendidas, e indicar-nos o caminho para um progresso mais rápido. É quanto a isso, principalmente, que o estudo atento e completo da ciência espírita é indispensável, para que só se lhe peça o que ela pode dar, e do modo como o pode dar; é ao ultrapassar esses limites que nos expomos a ser enganados.

103. As menores causas podem produzir os maiores efeitos; é assim que, de uma sementinha, pode surgir uma árvore imensa; que a queda de uma maçã levou à descoberta da lei que rege os mundos; que rãs saltando num prato revelaram a energia galvânica; foi assim também que do fenômeno comum das mesas girantes surgiu a prova do mundo invisível, e, dessa prova, uma doutrina que, em poucos anos, deu volta ao mundo e pode regenerá-lo pela simples constatação da realidade da vida futura.

104. O espiritismo ensina poucas, ou nem sequer ensina, verdades novas, pois como diz a máxima: *Nada há de novo debaixo do Sol.* Só as verdades eternas são absolutas; as que o espiritismo ensina, estando assentadas nas leis da natureza, devem ter existido desde o início dos tempos; eis por que, em todas as épocas, são-lhes encontrados os germes, que um estudo mais completo e observações mais atentas revelaram. As verdades ensinadas pelo espiritismo são, portanto, mais conclusões do que descobertas.

O espiritismo não descobriu nem inventou os espíritos; tampouco descobriu o mundo espiritual, no qual se acreditou em todos os tempos; ele apenas o prova por fatos materiais e mostra-o sob sua verdadeira realidade, livrando-o dos preconceitos e das ideias supersticiosas que geram a dúvida e a incredulidade.

Observação: Por mais incompletas que sejam, essas explicações bastam para mostrar a base em que se assenta o espiritismo, o caráter das manifestações e o grau de confiança que elas podem inspirar, segundo as circunstâncias.

Capítulo III
Solução de alguns problemas pela doutrina espírita

• Pluralidade dos mundos • Da alma • O homem durante a vida terrestre • O homem depois da morte

Pluralidade dos mundos

105. **Os diferentes mundos que circulam no espaço são povoados como a Terra?**

Todos os espíritos o afirmam, e a razão diz que deve ser assim. Como a Terra não ocupa no espaço um lugar especial, nem por sua posição, nem por seu volume, nada poderia justificar o privilégio exclusivo de ser habitada. Por outro lado, Deus não pode ter criado esses milhares de globos só para recrear-nos a vista, tanto mais que a maioria deles escapa ao nosso olhar. (*O Livro dos Espíritos*, no. 55. – *Revista Espírita*, 1858: "Pluralidade dos Mundos", Flammarion.)

106. **Se os mundos são habitados, podem sê-lo por habitantes em tudo semelhantes aos da Terra? Em resumo, esses habitantes poderiam viver entre nós e nós entre eles?**

A forma geral poderia ser mais ou menos a mesma, mas o organismo deve ser adaptado ao meio em que devem viver, como os peixes são feitos para viver na água e os pássaros no ar. Se o meio for diferente, como tudo leva a crer e como as observações astronômicas parecem demonstrá-lo, o organismo deve ser diferente; não é provável, pois, que, no seu estado normal, possam viver uns entre os outros com os mesmos corpos. É o que todos os espíritos confirmam.

107. **Admitindo que esses mundos sejam povoados, estarão, sob o aspecto moral e intelectual, no mesmo plano que a Terra?**

Conforme o ensinamento dos espíritos, os mundos estão em graus de adiantamento muito diferentes; alguns estão no mesmo ponto que a Terra; outros estão mais atrasados; neles, os homens ainda são muito brutos, mais materiais e propensos ao mal. Ao contrário, há os que são mais adiantados moral, intelectual e fisicamente, onde não se conhece o mal moral, onde as artes e as ciências atingem um grau de perfeição que não podemos compreender, onde a constituição física, menos material, não está sujeita aos sofrimentos, nem a doenças e à invalidez; lá os homens vivem em paz, sem procurarem se prejudicar mutuamente, livres dos desgostos, das preocupações, das aflições e das necessidades que os molestam na Terra. Finalmente, há outros ainda mais adiantados, onde o invólucro corporal, quase fluídico, se aproxima cada vez mais da natureza dos anjos. Na série progressiva dos mundos, a Terra não ocupa a primeira, nem a última posição, mas é um dos mundos mais materiais e atrasados. (*Revista Espírita*, 1858. – **Idem**, 1860. – *O Evangelho Segundo o Espiritismo*, cap. III.)

Da alma

108. **Onde fica a sede da alma?**

A alma não se localiza, como geralmente se crê, num determinado ponto do corpo; ela forma com o perispírito um todo fluídico, penetrável, identificando-se com o corpo todo, com o qual ela constitui um ser complexo, de que a morte é, de certo modo, apenas o **desdobramento**. Pode-se imaginar dois corpos semelhantes, um penetrado pelo outro, confundidos durante a vida e separados após a morte. Com a morte, um é destruído e o outro subsiste.

Durante a vida, a alma atua mais especificamente sobre os órgãos do pensamento e do sentimento. Ela é, ao mesmo tempo, interna e externa, isto é, expande-se exteriormente, podendo mesmo isolar-se do corpo, transportar-se ao longe e lá manifestar sua presença, como o provam a observação e os fenômenos sonambúlicos.

109. **A alma é criada ao mesmo tempo que o corpo, ou lhe é anterior?**

Depois da existência da alma, esta é uma das questões mais fundamentais, pois da sua solução resultam as mais importantes conclusões; ela é a única explicação possível para uma infinidade de problemas, até agora insolúveis por não se ter pensado nela.

De duas uma: ou a alma existia, ou não existia antes da formação do corpo; quanto a isso, não pode haver meio termo. Com a preexistência da alma tudo se explica lógica e naturalmente; sem a preexistência, chega a ser impossível justificar mesmo certos dogmas da Igreja, e é a impossibilidade dessa justificativa que leva tantos pensadores à incredulidade.

Os espíritos resolveram a questão afirmativamente, e os fatos, assim como a lógica, não podem deixar dúvidas a esse respeito. Admitamos, porém, mesmo como mera hipótese, a preexistência da alma, e veremos aplainar-se a maioria das dificuldades.

110. **Se a alma é anterior, antes da sua união com o corpo ela já tinha sua individualidade e consciência de si mesma?**

Sem individualidade e sem consciência de si mesma, seria como se não existisse.

111. **Antes da sua união com o corpo, a alma realizou algum progresso ou permaneceu estacionária?**

O progresso anterior da alma é constatado tanto pela observação dos fatos como pelo ensinamento dos espírios.

112. **Deus criou as almas moral e intelectualmente iguais, ou fez umas mais perfeitas e inteligentes do que as outras?**

Se Deus houvesse feito algumas almas mais perfeitas do que outras, tal preferência não seria compatível com a sua justiça. Sendo todas criadas por ele, por que pouparia umas do trabalho que impõe a outras para alcançarem a felicidade eterna? A diversidade das almas em sua origem seria a negação da justiça de Deus.

113. **Se as almas são criadas iguais, como explicar a diversidade das aptidões e das predisposições naturais existentes entre os homens na Terra?**

Essa diversidade é consequência do progresso que a alma fez antes da sua união com o corpo. As almas mais adiantadas em inteligência e moralidade são as que mais viveram e progrediram antes da sua encarnação.

114. **Qual é o estado da alma em sua origem?**

As almas são criadas simples e ignorantes, ou seja, sem instrução e sem conhecimento do bem e do mal, mas com igual aptidão para tudo. No começo, acham-se numa espécie de infância, sem vontade própria e sem consciência perfeita de sua existência. Aos poucos o livre-arbítrio se desenvolve, ao mesmo tempo que as ideias. (*O Livro dos Espíritos*, no. 114 e segs.)

115. **A alma realizou seu progresso anterior no estado de alma propriamente dita, ou numa existência corporal precedente?**

Além do ensinamento dos espírios sobre esse ponto, o estudo dos diferentes graus de adiantamento do homem na Terra prova que o progresso anterior da alma deve ter-se cumprido numa série de existências corporais mais ou menos numerosas, segundo o grau a que chegou; a prova disso resulta da observação dos fatos que temos diariamente sob nossos olhos. (*O Livro dos Espíritos*, nos. 166 a 222. – *Revista Espírita*, abril de 1862.)

O homem durante a vida terrestre

116. **Como e em que momento se produz a união entre a alma e o corpo?**

Desde a concepção, o espírito, embora errante, prende-se por um laço fluídico ao corpo ao qual deve unir-se. Este laço se estreita cada vez mais, à medida que o corpo se desenvolve. A partir desse momento, o espírito é tomado por uma perturbação que vai crescendo sem cessar; às vésperas do nascimento, a perturbação é completa, o espírito perde a consciência de si mesmo e só recobra suas ideias gradualmente, a partir do momento em que a criança respira; é então que a união se torna completa e definitiva.

117. **Qual é o estado intelectual da alma da criança no instante do seu nascimento?**

Seu estado intelectual e moral é igual ao que era antes da sua união com o corpo, o que significa que a alma possui todas as ideias anteriormente adquiridas, mas, devido à perturbação que acompanha sua mudança, suas ideias acham-se momentaneamente em estado latente. Elas vão se aclarando pouco a pouco, mas somente podem manifestar-se proporcionalmente ao desenvolvimento dos órgãos.

118. **Qual é a origem das ideias inatas, das disposições precoces, das aptidões instintivas para uma arte ou para uma ciência, sem qualquer instrução?**

As ideias inatas só podem ter duas causas: a criação de almas mais perfeitas umas do que as outras, no caso de serem criadas ao mesmo tempo que o corpo, ou um progresso anterior realizado antes da união da alma com o corpo. Sendo a primeira hipótese incompatível com a justiça de Deus, só resta a segunda. As ideias inatas são o resultado dos conhecimentos adquiridos em existências anteriores e que se conservaram no estado de intuição, para servirem de base para a aquisição de novas ideias.

119. **Como se revelam gênios em classes da sociedade destituídas de qualquer cultura intelectual?**

Esse fato prova que as ideias inatas independem do meio em que o homem foi criado. O meio e a educação desenvolvem as ideias inatas, mas não as dão. O homem de gênio é a encarnação de um espírito adiantado e que já havia progredido muito; eis por que a educação pode dar a instrução que falta, mas não pode dar o gênio quando este não exista.

120. **Por que existem crianças instintivamente boas num meio ruim, e isso apesar dos maus exemplos, ao passo que outras são instintivamente pervertidas num meio bom, e apesar dos bons conselhos?**

É o resultado do progresso moral realizado, como as ideias inatas são o resultado do progresso intelectual.

121. **Por que de dois filhos do mesmo pai, educados nas mesmas condições, um é inteligente e o outro burro, um bom e outro mau? Por que o filho de um homem de gênio às vezes é um tolo, e o de um tolo um homem de gênio?**

Esse fato vem comprovar a origem das ideias inatas; prova, além disso, que a alma do filho não provém, em absoluto, da dos pais; caso contrário, devido à máxima que diz que a parte é da mesma natureza que o todo, os pais transmitiriam aos filhos as suas qualidades e defeitos, como lhes transmitem o princípio dos atributos corporais. Na geração, só o corpo provém do corpo, mas as almas são independentes umas das outras.

122. **Se as almas são independentes umas da outras, de onde vem o amor dos pais por seus filhos e vice-versa?**

Os espíritos se unem por simpatia, e o nascimento nesta ou naquela família não é obra do acaso, mas na maioria das vezes, depende da escolha do espírito, que se reúne àqueles a quem amou no mundo dos espíritos ou em existências anteriores. Por outro lado, os pais têm por missão auxiliar o progresso dos espíritos que encarnam como seus filhos, e, para incitá-los a isso, Deus lhes inspira uma afeição mútua, porém muitos não cumprem sua missão e são punidos por isso. (*O Livro dos Espíritos*, no. 379, "A infância".)

123. **Por que há maus pais e maus filhos?**

São espíritos que não se reuniram em uma família por simpatia, mas para servir-se mutuamente de prova, e muitas vezes por punição do que fizeram numa existência anterior; a um é dado um mau filho, porque ele próprio pode ter sido mau filho; a outro, um mau pai, porque ele também o terá sido, para que sofram a pena de talião. (*Revista Espírita*, 1861: "A pena de talião".)

124. **Por que, em certas pessoas nascidas numa condição social servil, encontramos instintos de dignidade e grandeza, enquanto outras, nascidas nas classes superiores, têm instintos**

de inferioridade?

É uma recordação intuitiva da posição social que haviam ocupado, e do seu caráter na existência anterior.

125. **Qual é a causa das simpatias e antipatias entre pessoas que se veem pela primeira vez?**

Na maioria das vezes, trata-se de pessoas que se conheceram e, vez por outra, de pessoas que se amaram numa existência precedente, e que, ao reencontrar-se, sentem uma atração mútua.

As antipatias instintivas também provêm, frequentemente, de relações anteriores.

Esses dois sentimentos podem ainda ter outra causa. O perispíritos expande-se ao redor do corpo como uma espécie de atmosfera impregnada das qualidades boas ou más do espíito encarnado. Duas pessoas que se encontram têm, pelo contato dos fluidos, reação igual à da sensitiva;[1] essa reação pode ser agradável ou desagradável; os fluidos tendem a confundir-se ou a repelir-se, segundo sua natureza semelhante ou diferente.

É assim que se pode explicar o fenômeno da transmissão de pensamento. Pelo contato dos fluidos, duas almas, de certo modo, leem uma na outra; elas se adivinham e se compreendem sem se falar.

126. **Por que o homem não se lembra das suas existências anteriores? A lembrança não será necessária ao seu progresso futuro?**

(Ver, no segundo diálogo com o visitante, a parte relativa ao **Esquecimento do Passado**; p. 64)

127. **Qual é a origem do sentimento chamado consciência?**

É uma recordação intuitiva do progresso realizado em existências precedentes e das resoluções tomadas pelo espírito antes da encarnação, resoluções que, como homem, nem sempre consegue cumprir.

---

1 A sensitiva (*mimosa pudica*), também conhecida como malícia ou dormideira, é uma plantinha cujas folhas se retraem ao mais leve contato, quer de algo material, quer imaterial, que a irrite, como o ar excessivamente quente ou frio. Daí a comparação feita por A. Kardec.

128. **O homem tem seu livre-arbítrio ou está sujeito à fatalidade?**

Se a conduta do homem estivesse sujeita à fatalidade, não lhe caberia responsabilidade pelo mal, nem mérito pelo bem, por conseguinte, toda punição seria injusta e toda recompensa um contrassenso. O livre-arbítrio do homem é uma consequência da justiça de Deus, é o atributo que lhe dá dignidade e o eleva acima de todas as outras criaturas. Isso é tão verdadeiro que a estima dos homens uns pelos outros se deve ao livre-arbítrio; quem acidentalmente o perde, por doença, loucura, embriaguez ou deficiência mental, é lastimado ou desprezado.

O materialista, que faz todas as faculdades morais e intelectuais dependerem do organismo, reduz o homem à condição de máquina, sem livre-arbítrio e, consequentemente, sem responsabilidade pelo mal e sem mérito pelo bem que faz. (***Revista Espírita***, 1861:

"A cabeça de Garibaldi". – **Idem**, 1862: "Frenologia espiritualista".)

129. **Deus criou o mal?**

Deus não criou o mal; ele estabeleceu leis, e essas leis são sempre boas, porque ele é supremamente bom; quem as observasse fielmente seria perfeitamente feliz; mas os espíritos, tendo seu livre-arbítrio, nem sempre as observam, e da sua infração a essas leis resulta-lhes o mal.

130. **O homem nasce bom ou mau?**

É preciso estabelecer uma distinção entre a alma e o homem. A alma é criada simples e ignorante, isto é, nem boa nem má, mas suscetível, em virtude do seu livre-arbítrio, de tomar o caminho do bem ou o do mal, ou, melhor dizendo, de respeitar ou infringir as leis de Deus. O homem nasce bom ou mau, conforme seja ele a encarnação de um espírito adiantad ou atrasado.

131. **Qual é a origem do bem e do mal na Terra, e por que há mais mal do que bem?**

A origem do mal na Terra vem da imperfeição dos espíritos que nela encarnaram, e a predominância do mal vem do fato de que, sendo a Terra um mundo inferior, a maioria dos espíritos que a habitam são eles próprios inferiores, ou pouco progrediram. Em mundos mais adiantados, onde só aos espíritos depurados é permitido encarnar, o mal não é conhecido, ou é insignificante.

132. **Qual é a causa dos males que afligem a humanidade?**

A Terra pode ser considerada um mundo de educação para os espíritos pouco adiantados e, ao mesmo tempo, de expiação para os espíritos perversos. Os males da humanidade são consequência da inferioridade moral da maioria dos espíritos encarnados. Pelo contato entre seus vícios, eles se tornam reciprocamente infelizes e se punem uns aos outros.

133. **Por que frequentemente o mau prospera, enquanto o homem de bem está sujeito a todas as aflições?**

Para aquele que apenas considera a vida presente, e que a crê única, isto deve parecer uma enorme injustiça. O mesmo não acontece quando se considera a pluralidade das existências e a brevidade de cada uma relativamente à eternidade. O estudo do espiritismo prova que a prosperidade do mau tem terríveis consequências nas suas existências seguintes; que as aflições do homem de bem, ao contrário, são seguidas de uma felicidade tanto maior e durável quanto mais resignadamente as tiver suportado; para ele será como um dia mau numa existência inteira de prosperidade.

134. **Por que uns nascem na indigência e outros na opulência? Por que há pessoas que nascem cegas, surdas, mudas, acometidas por doenças incuráveis, ao passo que outras têm todos os atributos físicos? Será obra do acaso, ou da Providência?**

Se for obra do acaso, a Providência não existe; se for ato da Providência, pergunta-se onde está a sua bondade e a sua justiça? Ora, é por não compreenderem a causa desses males que tantas pessoas são levadas a pôr a culpa na Providência. Compreende-se que quem se torna miserável ou doente por suas imprudências ou excessos seja punido por onde pecou; mas, se **a alma é criada ao mesmo tempo que o corpo**, que fez ela para merecer tais aflições **desde o seu nascimento**, ou para ser isentada delas? Se admitirmos a justiça de Deus, devemos admitir que esse efeito tem uma causa; se esta causa não se acha na vida presente, deve estar numa vida anterior, porque em tudo **a causa deve preceder o efeito**; para tanto, é preciso que a alma já tenha vivido e tenha merecido uma expiação. Os estudos espíritas mostram, efetivamente, que mais de um homem nascido na miséria foi rico e considerado numa existência anterior, mas fez mau uso da fortuna que Deus lhe havia entregue para que a administrasse; que mais de um que nasceu num meio desprezível foi orgulhoso e prepotente; às vezes no-lo mostram subordinado às ordens daquele mesmo a quem haviam tratado com crueldade, submetendo-o a maus-tratos e à humilhação que havia infligido aos outros.

Uma vida difícil nem sempre é uma expiação; frequentemente, é uma prova escolhida pelo espírito, que nela vê um meio de progredir mais rapidamente se a suportar com coragem. A riqueza também é uma prova, porém ainda mais perigosa do que a miséria, pelas tentações e abusos que provoca, e o exemplo dos que viveram mostra que ela é uma das provas de onde menos se sai vitorioso.

A diferença das posições sociais seria a maior das injustiças, quando não é resultado da conduta atual, se não devesse ter uma compensação. É a convicção dessa verdade, que se adquire pelo espiritismo, que dá forças para suportarmos as vicissitudes da vida e faz com que aceitemos nossa sorte sem invejar a dos outros.

135. **Por que há retardo e deficiências mentais?**

A situação dessas pessoas seria a menos conciliável com a justiça de Deus, na hipótese da unicidade da existência. Por mais miserável que seja a condição em que um homem nasceu, ele pode sair dela pela inteligência e pelo trabalho; mas os deficientes mentais estão destinados, desde o nascimento até a morte, ao embrutecimento e ao desprezo; para eles não há compensação possível. Por que, então, sua alma foi criada idiota?

Os estudos espíritas a respeito deles provam que sua alma é tão inteligente quanto a dos outros homens; essa deficiência é uma expiação infligida a alguns espírios por terem feito mau uso da sua inteligência, e que sofrem cruelmente por sentir-se aprisionados em laços que não conseguem partir, e pelo desprezo de que são alvo, quando, talvez, tenham sido lisonjeados na sua existência anterior. (*Revista Espírita*, 1860: "O espírito de um idiota". – **Idem**, 1861: "Os cretinos".)

136. **Qual é o estado da alma durante o sono?**

Durante o sono, só o corpo repousa, mas o espírito não dorme. As observações práticas provam que, nesse momento, o espírito goza de total liberdade e da plenitude das suas faculdades; aproveita-se do repouso do corpo e dos momentos em que sua presença nele não é necessária para agir isoladamente e ir aonde quer. Durante a vida, seja qual for a distância a que se transporte, o espírito se mantém sempre ligado ao corpo por um laço fluídico que serve para chamá-lo de volta quando sua presença é necessária; esse laço só se rompe na hora da morte.

137. **Qual é a causa dos sonhos?**

Os sonhos são resultado da liberdade do espírito durante o sono; às vezes são a lembrança dos lugares e das pessoas que o espírito viu ou visitou nesse estado. (*O Livro dos Espíritos*, cap. VIII, no. 400 e segs. – *O Livro dos Médiuns*: "Evocação de pessoas vivas", no. 284. – *Revista Espírita*, 1860: "O espírito num lado e o corpo noutro". – **Idem**, 1860: "Estudo sobre o espírito de pessoas vivas".)

138. **De onde vêm os pressentimentos?**

São recordações vagas e intuitivas do que o espírito ficou sabendo nos seus momentos de liberdade, e às vezes avisos velados dados por espíritos banfazejos.

139. **Por que há selvagens e homens civilizados na Terra?**

Sem a preexistência da alma, essa questão é insolúvel, a menos que se admita que Deus tenha criado almas selvagens e almas civilizadas, o que seria a negação da sua justiça. Por outro lado, a razão se recusa a admitir que depois da morte a alma do selvagem fique perpetuamente num estado de inferioridade, ou que fique em situação igual à do homem esclarecido.

Admitindo-se, para as almas, um mesmo ponto de partida, única doutrina compatível com a justiça de Deus, a presença simultânea da selvageria e da civilização na Terra é um fato material que prova o progresso que uns já realizaram e que outros podem realizar. A alma do selvagem chegará, pois, ao mesmo nível da alma civilizada; mas, como todos os dias morrem selvagens, a alma deles só pode atingir esse nível em encarnações sucessivas, cada vez mais aperfeiçoadas e apropriadas ao seu adiantamento, e seguindo todos os graus intermediários entre os dois pontos extemos.

140. **Não se poderia admitir, segundo pensam algumas pessoas, que a lma só encarne uma vez e que efetue seu progresso no estado de espírio, ou em outras esferas?**

Essa tese seria admissível se na Terra só existissem homens no mesmo nível moral e intelectual, caso em que se poderia dizer que a Terra se destinaria a um nível específico; ora, temos diante de nós a prova do contrário. Efetivamente, não se compreenderia que o selvagem não pudesse atingir a civilização aqui na Terra por haver almas mais adiantadas encarnadas no mesmo globo; donde se deve concluir pela possibilidade da pluralidade das existências terrestres, como o demonstram os exemplos que temos diante de nós. Se assim não fosse, seria preciso explicar: 1°. Por que só a Terra teria o monopólio das encarnações? 2°. Por que, tendo esse monopólio, nela se encontram almas encarnadas de todos os graus?

141. **Por que, no meio de sociedades civilizadas, veem-se seres de uma ferocidade semelhante à dos selvagens mais bárbaros?**

Trata-se de espíritos muito inferiores, saídos de raças bárbaras, e que se submeteram à experiência de encarnar num meio que não é o deles, e onde se acham deslocados, como estaria um camponês levado de repente para a alta sociedade.

Observação: Não se poderia admitir, sem negar a Deus toda a sua justiça e bondade, que, na vida atual, a alma do criminoso empedernido e a do homem cheio de virtudes tenham partido do mesmo ponto. Se a alma não é anterior ao corpo, tanto a alma do criminoso como a do homem de bem são igualmente novas; por que uma seria boa e a outra má?

142. **De onde vem o caráter distintivo dos povos?**

De espíritos que, tendo mais ou menos os mesmos gostos e as mesmas tendências, encarnam num meio simpático, e frequentemente no mesmo meio, onde encontram meios de satisfazer suas inclinações.

143. **Como progridem e como degeneram os povos?**

Se a alma é criada ao mesmo tempo que o corpo, as dos homens de hoje são tão novas, tão primitivas quanto as dos homens da Idade Média, e, a partir disso, pergunta-se por que têm costumes mais discretos e uma inteligência mais desenvolvida? Se, com a morte do corpo, a alma deixa definitivamente a Terra, pergunta-se, também, qual seria o fruto do trabalho feito para melhorar um povo, se este devesse recomeçar com todas as almas novas que chegam todos os dias?

Os espíritos encarnam num meio simpático e compatível com o seu grau de adiantamento. Um chinês, por exemplo, que progrediu suficientemente e não encontra mais na sua raça um meio correspondente ao nível que atingiu, encarnará entre um povo mais adiantado. À medida que uma geração dá um passo à frente, ela atrai, por simpatia, novos espíritos, mais adiantados, e que talvez sejam os mesmos que outrora haviam vivido no mesmo país, e que progrediram; é assim que, pouco a pouco, uma nação avança. Se a maioria dos novos habitantes fosse de uma natureza inferior, com os antigos, partindo diariamente e não retornando a um meio piorado, o povo degeneraria e acabaria por extinguir-se.

Observação: Essas questões provocam outras que encontram solução no mesmo princípio. Por exemplo, de onde provém a diversidade das raças na Terra? Há raças rebeldes ao progresso? A raça negra será capaz de alcançar o nível das raças europeias? A escravatura é útil ao progresso das raças inferiores? Como pode operar-se a transformação da humanidade? (*O Livro dos Espíritos*: "Lei do progresso", perg. 776 e segs. –

Revista Espírita, 1862: "Doutrina dos anjos decaídos". – **Idem**, 1862: "Perfectibilidade da raça negra".)

O homem depois da morte

144. **Como se produz a separação da alma e do corpo? Brusca ou gradualmente?**

O desprendimento se opera gradualmente e com uma lentidão variável, segundo os indivíduos e as circunstâncias da morte. Os laços que unem a alma ao corpo só se rompem aos poucos, e menos rapidamente quanto mais a vida tenha sido mais material e sensual. (*O Livro dos Espíritos*, perg. 155)

145. **Qual é a situação da alma imediatamente após a morte do corpo? Ela tem consciência de si mesma instantaneamente? Em suma, que vê? Que sente ela?**

No momento da morte, inicialmente tudo é confuso; a alma precisa de algum tempo para se reconhecer; ela está muito aturdida, no estado de um homem saindo de um sono profundo e que tenta compreender a situação. A lucidez das ideias e as lembranças do passado voltam à medida que diminui a influência da matéria de que acaba de separar-se, e que se dissipa a espécie de névoa que lhe tolda os pensamentos.

A perturbação que se segue à morte tem uma duração muito variável; tanto pode ser de algumas horas apenas, como de vários dias, meses e mesmo anos. É menos longa naqueles que, quando viviam, se identificaram com seu estado futuro, porque compreendem sua situação imediatamente; quanto mais materialmente o homem tenha vivido, mais tempo dura essa perturbação.

A sensação que toma a alma nesse momento é também muito variável; a perturbação subsequente à morte nada tem de penosa para o homem de bem; é serena e em tudo semelhante à que acompanha um despertar tranquilo. Quanto àquele cuja consciência não é pura, e que se apegou mais à vida corporal do que à espiritual, esse é um momento cheio de ansiedade e angústia, que aumentam à medida que ele recobra a consciência, porque então é assaltado pelo medo e por uma espécie de terror diante do que vê, e principalmente do que pressente.

A sensação, que poderíamos chamar física, é de grande alívio e imenso bem-estar; o espírito fica como que livre de um fardo, e feliz por não sentir mais as dores corporais que o afligiam poucos momentos antes, e por sentir-se livre, desimpedido e alerta, como alguém a quem acabassem de libertar de pesadas correntes.

Na sua nova situação, a alma vê e ouve o que via e ouvia antes da morte, porém, vê e ouve mais coisas que escapam à mediocridade dos órgãos corporais; tem sensações e percepções que nos são desconhecidas. (***Revista Espírita***, 1859: "Morte de um Espírita". – **Idem**, 1860: "O despertar do espírito". – **Idem**, 1862: "Exéquias do Sr. Sanson".)

Observação: Estas respostas e todas as relativas à situação da alma após a morte ou durante a vida, não são resultado de uma teoria ou de um sistema, mas de estudos diretos feitos sobre milhares de indivíduos observados em todas as fases e em todos os períodos da sua existência espiritual, do mais baixo ao mais alto grau da escala, segundo seus hábitos durante a vida terrestre, seu gênero de morte etc. Frequentemente, ao falar da vida futura, diz-se que não se sabe o que nela se passa porque ninguém dela voltou; é um erro, porque são exatamente os que nela se encontram que nos vêm intruir a respeito dela, e Deus hoje o permite, mais do que em qualquer outra época, como derradeira advertência dada à incredulidade e ao materialismo.

146. **A alma que deixou o corpo vê Deus?**

As faculdades perceptivas da alma são proporcionais à sua depuração; só às almas superiores é dado gozar da presença de Deus.

147. **Se Deus está em toda parte, por que nem todos os espíritos podem vê-lo?**

Deus está em toda parte porque ele se expande por toda parte, e pode-se dizer que o Universo está mergulhado na divindade, como nós estamos imersos na luz solar; os espíritos atrasados, porém, estão envoltos por uma espécie de nevoeiro que o oculta aos olhos deles, e que só se dissipa à medida que se depuram e se desmaterializam. Quanto à visão, com relação a Deus, os espíritos inferiores são iguais aos encarnados com relação aos espíritos: verdadeiros cegos.

148. **Depois da morte, a alma tem consciência da sua individualidade? Como ela a constata, e como nós podemos constatá-la?**

Se após a morte as almas não tivessem mais a sua individualidade, para elas e para nós isso seria absolutamente como se não existissem; e as consequências morais seriam exatamente as mesmas; elas não teriam qualquer característica distintiva, e a alma do criminoso estaria na mesma situação que a do homem de bem, donde resultaria que não teríamos interesse algum em fazer o bem.

A individualidade da alma é evidenciada de modo material, por assim dizer, nas manifestações espíritas, pela linguagem e pelos atributos inerentes a cada uma; como elas pensam e agem de maneira diferente, como umas são boas e outras más, umas sábias e outras ignorantes, como umas querem o que outras não querem, aí está a prova evidente de que não se acham fundidas num todo homogêneo, isso sem falar das provas claras que nos dão de terem animado este ou aquele indivíduo na Terra. Graças ao espiritismo experimental, a individualidade da alma não é mais uma coisa vaga, mas um resultado da observação.

A alma constata, por si mesma, sua individualidade, porque tem pensamento e vontade próprios, distintos dos das outras; constata-a também por seu invólucro fluídico, ou perispírito, espécie de corpo limitado que faz dela um ser separado.

Observação: Certas pessoas julgam livrar-se de serem censuradas por materialismo ao admitirem um princípio inteligente universal, do qual absorvemos uma parte ao nascer, o que constitui a alma, para devolvê-la, após a morte, à massa comum, onde todas se confundem como gotas d'água no oceano. Este sistema, é uma espécie de transação, uma tentativa de ajuste que não merece sequer o nome de espiritualismo, pois é tão desanimadora quanto o materialismo; o reservatório comum do todo universal equivaleria ao nada, pois nele não haveria mais individualidades.

149. **O tipo de morte influi no estado da alma?**

O estado da alma varia consideravelmente segundo o tipo de morte, mas principalmente segundo a natureza dos hábitos durante a vida. Na morte natural, o desprendimento se produz gradualmente e sem agitação; frequentemente ele começa mesmo antes que a vida esteja extinta. Na morte violenta, por suplício, suicídio ou acidente, os laços são rompidos bruscamente; o espírito, colhido de surpresa, fica como que atordoado com a mudança que se operou nele, e não encontra justificativa para sua situação. Um fenômeno mais ou menos constante em tal caso, é a convicção de que não está morto, e essa ilusão pode durar vários meses, e mesmo vários anos. Nesse estado, ele vai, vem, e crê aplicar-se aos seus negócios como se ainda estivesse neste mundo, e muito se espanta por não lhe responderem quando fala. Essa ilusão não é exclusividade dos casos de mortes violentas; encontramo-la em muitos indivíduos cuja vida foi dissipada em prazeres e interesses materiais. (*O Livro dos Espíritos*, perg. 165. – *Revista Espírita*, 1858: "O suicida da Samaritaine". – **Idem**, 1858: "Um espírito no enterro do seu corpo". – **Idem**, 1859: "O zuavo de Magenta". – **Idem**, 1859: "Um espírito que não se julga morto". – **Idem**, 1863: "François Simon Louvet".)

150. **Para onde vai a alma após ter deixado o corpo?**

Ela não se perde na imensidão do infinito, como geralmente se imagina; erra no espaço e, na maioria das vezes, no meio daqueles que conheceu, e, principalmente, a quem amou, podendo transportar-se instantaneamente a distâncias enormes.

151. **A alma conserva as afeições que tinha na Terra?**

Ela conserva todas as afeições morais; esquece apenas as afeições materiais, que não fazem mais parte da sua essência; eis por que vem com satisfação rever seus parentes e amigos e fica feliz com a lembrança deles. (*Revista Espírita*, 1860: "Os amigos não nos esquecem no outro mundo". – **Idem**, II, 1862.)

152. **A alma conserva a lembrança do que fez na Terra? Interessa-se pelos trabalhos que deixou inacabados?**

Isso depende da sua elevação e da natureza dos seus trabalhos. Os espíritos desmaterializados pouco se preocupam com coisas materiais e ficam contentes por estar livres delas. Quanto aos trabalhos que começaram, conforme sua importância e utilidade, às vezes inspiram a outros a ideia de terminá-los.

153. **No mundo dos espíritos, a alma reencontra os parentes e amigos que a precederam?**

Não só torna a encontrá-los, como reencontra muitos outros que havia conhecido em existências anteriores. Geralmente, aqueles que mais a amam vêm recebê-la na sua chegada ao mundo dos espíritos, e ajudam-na a desprender-se dos laços terrestres. Contudo, a privação do reencontro das almas mais queridas é, às vezes, uma punição para as que são culpadas.

154. **Qual é, na outra vida, a condição intelectual e moral da alma da criança morta em tenra idade? Suas faculdades permanecem na infância, como durante a vida?**

O desenvolvimento incompleto dos órgãos da criança não permitia que o espírito se manifestasse completamente; livre desse invólucro, suas faculdades são o que eram antes da reencarnação. Tendo o espírito passado apenas alguns instantes na vida, suas faculdades não puderam modificar-se.

Observação: Nas comunicações espíritas, o espírito de uma criança pode, pois, falar como o de um adulto, porque pode ser um espírito muito adiantado. Se vez por outra ele adota a linguagem infantil, é para não privar a mãe do encantamento que acompanha a afeição por um ser frágil e delicado, embelezado pelas graças da inocência. (***Revista Espírita***, 1858: "Mãe! Estou aqui!")

Como a mesma pergunta pode ser feita a respeito do estado intelectual da alma dos deficientes mentais e dos loucos, depois da morte, a resposta encontra-se no que precede.

155. **Que diferença existe, depois da morte, entre a alma do sábio e a do ignorante, entre a do selvagem e a do homem civilizado?**

A mesma, ou quase a mesma, diferença que existia entre elas durante a vida, porque a entrada no mundo dos espíritos não dá à alma todos os conhecimentos que lhe faltavam na Terra.

156. **As almas progridem intelectual e moralmente depois da morte?**

Progridem mais ou menos, segundo a sua vontade, e algumas até progridem muito; mas elas precisam pôr em prática, curante a vida corporal, o que adquiriram em conhecimento e moralidade. As que permaneceram estacionárias retomam uma existência análoga à que deixaram; as que progrediram merecem uma encarnação de ordem mais elevada.

Sendo o progresso proporcional à vontade do espírito, há os que conservam por longo tempo os gostos e inclinações que tinham durante a vida, e que continuam com as mesmas ideias. (***Revista Espírita***, 1858: "A rainha de Oude". – **Idem**, 1858: "O espírito e os herdeiros". – **Idem**, 1858: "O tambor de Beresina". – **Idem**, 1859: "Um velho carreteiro". – **Idem**, 1860: "Progresso dos Espíritos". – **Idem**, 1861: "Progresso de um espírito perverso".)

157. **A sorte do homem na vida futura é irrevogavelmente fixada após a morte?**

A fixação irrevogável da sorte do homem após a morte seria a negação absoluta da justiça e da bondade de Deus, porque há muitos para os quais não dependeu da sua vontade esclarecer-se suficientemente, sem falar dos deficientes mentais e dos selvagens, e das inúmeras crianças que morrem antes de ter vislumbrado a vida. Mesmo entre os indivíduos esclarecidos, há muitos que podem ter-se considerado bastante perfeitos, achando-se dispensados de fazer algo mais; e não é uma prova evidente que Deus nos dá da sua bondade o fato de permitir que o homem faça no dia seguinte o que não pôde fazer na véspera? Se a sorte é irrevogavelmente fixada, por que os homens morrem em idades tão diferentes, e por que Deus, na sua justiça, não dá a todos tempo suficiente para fazer o máximo de bem possível, ou para reparar o mal que fizeram? Quem sabe se o culpado que morre aos trinta anos não se teria arrependido, tornando-se um homem de bem, se tivesse vivido até aos sessenta? Por que Deus lhe tira os meios para isso, quando os concede a outros? O simples fato da diversidade de duração da vida e do estado moral da grande maioria dos homens prova, se admitirmos a justiça de Deus, a impossibilidade de que a sorte da alma seja irrevogavelmente fixada pós a morte.

158. **Qual é, na vida futura, o destino das crianças que morrem em tenra idade?**

Esta questão é uma das que melhor provam a justiça e a necessidade da pluralidade das existências. Uma alma que tivesse vivido alguns instantes apenas, não tendo feito bem, nem mal, não mereceria recompensa, nem punição, segundo a máxima do Cristo que diz que **cada um é punido segundo suas obras**, seria tão ilógico quanto contrário à justiça de Deus admitir-se que, sem trabalho, essa alma fosse convidada a gozar da bem-aventurança perfeita dos anjos, ou que dela pudesse ser privada; porém, **ela deve ter um destino qualquer**, mas um estado misto por toda a eternidade seria igualmente injusto. Como uma existência interrompida logo no início não pode ter qualquer consequência para a alma, sua sorte atual é a que ela mereceu na sua existência anterior, e a futura, a que vier a merecer em existências posteriores.

159. **Na outra vida as almas têm ocupações? Ocupam-se com outras coisas, ou só com suas alegrias e sofrimentos?**

Se as almas se preocupassem apenas consigo mesmas durante a eternidade, seria egoísmo, e Deus, que condena o egoísmo, não poderia aprovar, na vida espiritual, o que condena na vida corporal. As almas, ou espíritos, têm ocupações de acordo com seu grau de adiantamento, ao mesmo tempo que procuram instruir-se e melhorar-se. (*O Livro dos Espíritos*, no. 558. "Ocupações e missões dos espíritos".)

160. **Em que consistem os sofrimentos da alma depois da morte? As almas culpadas são torturadas em chamas materiais?**

Hoje a Igreja reconhece perfeitamente que o fogo do inferno é um fogo moral e não um fogo material, mas ela não define a natureza dos sofrimentos. As comunicações espíritas no-los põem diante dos olhos; por esse meio, podemos avaliá-los e convencer-nos de que, embora não sejam resultado de um fogo material, que na verdade não poderia queimar almas imateriais, nem por isso, em certos casos, são menos terríveis do que ele. Essas penas não são uniformes; elas variam ao infinito, segundo a natureza e o grau das faltas cometidas, e quase sempre essas mesmas faltas servem para punição; é assim que certos assassinos são obrigados a permanecer no local do crime, vendo incessantemente suas vítimas; que o homem de apetites sensuais e materiais conserva suas predileções, mas a impossibilidade de satisfazê-las é para ele uma tortura; que certos avarentos julgam sentir o frio e as privações que, por sua avareza, suportaram durante a vida; que outros permanecem junto a tesouros que enterraram, e em transes perpétuos, temendo que lhos roubem. Em resumo, não há um defeito, uma imperfeição moral, uma má ação que não tenham, no mundo dos espíritos, sua contrapartida e suas consequências naturais; e, por isso, não há necessidade de um lugar determinado e circunscrito: onde quer que se encontre, o espírito perverso leva consigo seu inferno.

Além dos tormentos espirituais, há as penas e as privações materiais pelas quais o espírito que não se depurou passa em nova encarnação, na qual é colocado em estado de sofrer o que fez os outros sofrerem: de ser humilhado, se foi orgulhoso; miserável, se foi rico; infeliz com seus filhos, se foi mau filho etc. A Terra, como dissemos, é um dos lugares de exílio e de expiação, um **purgatório** para os espíritos dessa natureza, ao qual depende de cada um não voltar, melhorando-se o suficiente para merecer passar a um mundo melhor. (*O Livro dos Espíritos*, no. 237: "Percepções, sensações e sofrimentos dos espíritos". – **Idem**, Livro IV: "Esperanças e consolações; penas e prazeres terrenos". – *Revista Espírita*, 1858: "O assassino Lemaire". – **Idem**, 1858: "O suicida da Samaritaine". – **Idem**, 1858: "Sensações dos espíritos". – **Idem**, 1859: "O Padre Crépin". – **Idem**, 1860: "Estelle Régnier". – **Idem**, 1860: "O suicida da rua Quincanpoix". – **Idem**, 1860: "O castigo". **Idem**, 1860: "Entrada de um culpado no mundo dos espíritos". **Idem**, 1860: "Castigo do egoísta". – **Idem**, 1861: "Suicídio de um ateu". – **Idem,** 1861: "A pena de talião".)

161. **A prece é útil para as almas sofredoras?**

A prece é recomendada por todos os bons espíritos; além

disso, é pedida pelos espíritos imperfeitos como um meio de aliviar seus sofrimentos. A alma pela qual se ora sente-se aliviada, porque a prece é uma prova de interesse, e o infeliz sempre é consolado quando encontra corações caridosos que se compadecem diante das suas dores. Por outro lado, pela prece incita-se ao arrependimento e ao desejo de fazer o que é preciso para ser feliz; é neste sentido que se pode abreviar-lhe a pena, se, por seu turno, ele colabora com a sua vontade. (*O Livro dos Espíritos*, perg. 664. – *Revista Espírita*, 1859: "Efeitos da prece nos espíritos sofredores".)

162. **Em que consistem os prazeres das almas felizes? Elas passam a eternidade em contemplação?**

A justiça manda que a recompensa seja proporcional ao mérito, como a punição à gravidade da falta; há, pois, graus infinitos nos prazeres da alma, desde o instante em que ela entra no caminho do bem até o momento em que atinge a perfeição.

A felicidade dos bons espíritos consiste em conhecer todas as coisas, em não sentir ódio, nem ciúme, nem inveja, nem ambição, ou qualquer das paixões que desgraçam os homens. O amor que os une é para eles fonte de suprema felicidade. Eles não passam pelas necessidades, nem pelos sofrimentos e angústias da vida material. Um estado de perpétua contemplação seria uma felicidade enfadonha e monótona; seria o estado do egoísta, já que sua existência seria uma inutilidade sem fim. A vida espiritual é, ao contrário, uma atividade incessante, pelas missões que os espíritos recebem do Ser supremo, como seus agentes na administração do Universo; missões que são adequadas ao seu adiantamento, e com as quais se alegram, porque lhes proporcionam ocasiões de serem úteis e fazerem o bem. (*O Livro dos Espíritos,* perg. 558: "Ocupações e missões dos espíritos". – *Revista Espírita*, 1860: "Os espíritos puros: a morada dos bem-aventurados". – **Idem**, 1861: "Madame Gourdon".)

Observação: Convidamos os adversários do espiritismo e aqueles que não admitem a encarnação, a darem, para os problemas aqui apresentados, uma solução mais lógica, por qualquer outro princípio que não o da pluralidade das existências.

O Evangelho Segundo o Espiritismo

ALLAN KARDEC

• Formato 14 x 21 cm • 392 pp.

A dificuldade encontrada pelo leitor para compreender as palavras textuais contidas nos *Evangelhos* é um dos maiores impedimentos à sua massificação entre os adeptos do Espiritismo, que, na maioria das vezes, se utilizam de suas sublimes páginas apenas aleatoriamente, durante as reuniões no lar ou na abertura dos trabalhos mediúnicos, quando na verdade este deveria ser o livro de cabeceira de todo espírita que deseja aprimorar-se moralmente, seja ele aprendiz ou médium tarefeiro. A Espiritualidade almeja e aconselha isto, e foi o que pretendia ao recrutar Allan Kardec para organizar e compilar as mensagens renovadoras da Terceira Revelação.

Tendo sido um educador de larga experiência humanística e filosófica que adotava uma metodologia austera, sem no entanto perder a brandura, Kardec reunia as condições ideais de que se serviram os espíritos superiores para edificar as bases da Doutrina Espírita. No entanto, se reencarnasse nos dias de hoje, é provável que, por sua índole infatigável e criteriosa, desejasse aprimorar ainda mais a obra missionária que disponibilizou para a humanidade, a fim de que ela alcançasse efetivamente o maior número possível de pessoas. Essa é a finalidade desta nova edição de *O Evangelho Segundo o Espiritismo*, cuja clareza, objetividade e simplicidade textuais pretendem aproximar o leitor da mensagem imorredoura de Jesus Cristo, sem distanciá-la de sua originalidade, o que dá a esta versão a legitimidade almejada pelos espíritos.

Sorver destas sublimes páginas é como conversar diretamente com Jesus, o Soberano Preceptor da humanidade, que, mesmo não tendo deixado uma única palavra por escrito, disseminou tão magistralmente as idéias cristãs que é possível assimilar, muitos séculos depois, o seu divino código de conduta moral, tal como Ele o prescreveu. Este é o poder da palavra. Esta é a nossa missão.

O Magnetismo em Oposição à Medicina
BARÃO DU POTET DE SENNEVOY
• Formato 14 x 21 cm • 352 pp.

O homem possui propriedades maravilhosas que podem agir sobre outros homens e sobre toda natureza viva. Essa emanação decorrente da alma, que nasce com o homem e morre com ele, se chama magnetismo animal. Capaz de percorrer o espaço com rapidez incalculável e atingir qualquer objeto a que esteja ligada, essa força oculta e divina pode erguer tanto o mundo moral, como o físico, bastando que o homem tenha domínio absoluto dos maus pensamentos, ao exercê-la, e firmeza para potencializá-la. Então produzirá fenômenos milagrosos. Esse era o pensamento do Barão Jules Du Potet, um dos mais notáveis magnetizadores que o mundo já conheceu. Adepto do mesmerismo, ele dirigiu inúmeras experiências em hospitais da França e Inglaterra, no século XIX, onde aplicava passes magnéticos que se tornaram conhecidos pela rapidez dos resultados e intensidade dos efeitos.

Mas o principal desafio de Du Potet iria mais além: apresentar ao mundo essa nova ciência que trazia possibilidades diversas para doenças incuráveis na época, cujos pacientes se deparavam com as dificuldades de uma medicina que se debatia em teorias infindáveis e experimentos pouco eficazes. Este livro *O Magnetismo em Oposição à Medicina* inaugura uma série de obras históricas que resgatam os desafios do magnetismo, conhecimento adormecido por mais de um século, pouco estudado dentro do espiritismo e outras doutrinas espiritualistas, mas absolutamente atual.

QUE É O ESPIRITISMO
foi confeccionado em impressão digital, em março de 2015
Conhecimento Editorial Ltda
(19) 3451-5440 — conhecimento@edconhecimento.com.br
Impresso em Super Snowbright_b 70g, Hellefoss AG